保育を深めるための
心 理 学

鈴木敏昭　村上涼 [編]
松鹿光　加藤孝士

花伝社

はじめに

　少子高齢化や核家族世帯、共働きの増加といった社会情勢の変化に伴い、子どもを取り巻く環境は大きく変化し続けています。保育が担うべき領域はますます広くなり、子どもへの保育だけでなく、子育て支援や地域との連携、保護者への対応、危機管理など多岐にわたるようになってきています。
　このような子どもの環境が大きく変化したことに鑑みて、保育者に関わる諸事項も改訂や見直しが相次いでいます。保育所保育指針をはじめ、幼稚園教育要領、幼保連携型認定こども園教育・保育要領も改訂され、2018年4月1日から新たな内容での施行となります。新たな内容の中で、共通して示されているのが「幼児期の終わりまでに育ってほしい姿」として挙げられている10の項目です。これらの項目は、到達目標ではなく、子どもが活動や遊びの中でどのように育っているか、その具体的な姿をとらえるための目安として示されています。そして、10の項目の力を培うために、「心情・意欲・態度」といった非認知的な能力を育むことの大切さが、改訂に先立った研修会や説明会では強調されてきました。
　さらに保育士養成課程の構成科目や内容の見直しも、2017年より検討が行われ、2019年度より新保育士養成課程の適用が予定されています。必修科目である「保育の心理学Ⅰ・Ⅱ」が、「保育の心理学」「子ども家庭支援の心理学」「子どもの理解と援助」の科目に変化し、心理学の役割は広がってきているといえましょう。この見直しに伴って、2020年度から保育士試験科目「保育の心理学」でも、変更後の内容が含まれるようになります。
　本書は、上記の要領・指針の改訂や新保育士養成課程に対応した内容

を随所に含むことを念頭に置きました。「非認知的な能力」については、これまでも心理学の分野において社会情動的発達として「社会性」「忍耐力」「自尊心」「感情の制御」さらには「向社会性・道徳性」など別の名称で取り上げられてきましたが、本書では「非認知的な能力」について読者の明確な理解が得られるよう、具体的な事例と絡まった説明を入れました。また、保育指針とのつながりも意識できる内容となっています。さらに、保育士養成課程の変更後の内容についても、それぞれの章の中やトピックスなどで対応できるよう構成しました。

　全体を通して、基礎的な知識に関連する心理学の実験やコラム・トピックスを豊富に入れることで、保育を深く考えられるような内容となっています。加えて、基礎的な知識の習得だけでなく、子どもとしっかり向き合う保育実践につなげることができる内容を心がけました。

　巻末には、学習者の学びを支援するために保育士試験に準じた形式の模擬問題70問を付しています。

　本書が想定している読者には、保育士試験の学習者はもちろん、保育者養成校の学生も含まれています。近年、保育士資格と幼稚園教諭免許の両方の取得を目指す学生が多いことからも分かるように、「保育の心理学」の科目自体が、幼保両面に精通することを到達目標とした学習内容となってきています。そのため、保育士のみならず幼稚園教諭や保育教諭を目指す学生にも対応できる内容となるように工夫しました。

　構想から出版まで1年間にわたり、本書に関わってくださいました諸先生方に深く感謝を申し上げます。最後になりましたが、本書を手に取ってくださいましたすべての方に、心よりお礼申し上げます。皆さまの学習の伴走者として本書がお役に立てるよう願っております。

2018年3月

編者一同

目次

第1章 子どもを育む 4
- コラム1 主体としての子ども …… 15

第2章 胎児期からはじまる育ち 16
- コラム2 妊娠・出産に関する気になる話題 …… 26
- トピックス1 子ども家庭支援を発達心理学の視点から考える …… 27

第3章 子どもの発達を読み解く 28
- コラム3 Less is More 仮説の発達
  ――言葉の発達における喪失と獲得 …… 41

第4章 環境をとらえる 42
- コラム4 かかわりのなかで伸びる子どもの力 …… 54
- トピックス2 子どもの理解と援助
  ――子どもの心性 アニミズム …… 55

第5章 生きる力を育む保育 56
- コラム5 自己愛を育む ミラーリング mirroring の大切さ
  ――コフートの理論 …… 69

第6章 自他の気づくとき 70
- コラム6 隔離飼育で育ったサル …… 82

第7章 他者とのかかわり 83
- コラム7 人と関わりのなかで育まれる非認知的な能力 …… 104
- トピックス3 子どもの理解と援助――運動発達と遊びの援助 …… 105

第 8 章　思いやりの心を育む　107
コラム 8　子どもに共感するための大人の視点 …… 119

第 9 章　言葉を育む　120
コラム 9　言葉の発達が遅いという相談 …… 130

第 10 章　「数・量・形」を育む　131
コラム 10　乳幼児期の数量活動と算数の学習の連携 …… 142
トピックス 4　子どもの理解と援助──ピアジェの発達理論 …… 143

第 11 章　保育の実際と発達援助　145
コラム 11　保育を創造するということ …… 159

第 12 章　「子どもの姿」を記録する　161
コラム 12　子どもを間主観的にみる …… 173
トピックス 5　子ども理解と支援
　　　　　　──A子の育ちと集団の育ち …… 174

第 13 章　障害のある子どもと向き合う　175
コラム 13-1　巡回相談による保育園との連携 …… 185
コラム 13-2　これからの乳幼児健康診査に求められるもの …… 186

第 14 章　保育者のありかた　187
コラム 14　保育者が揺らぐ発達障害への対応と特別支援 …… 201

練習問題　203
索引　250
著者一覧　253

第1章 子どもを育む

1節　保育の大切さ

1．子ども理解と保育

　保育を学ぶにあたって、保育の対象である子ども理解は欠かせない。時代とともに変わること、変わらないことを知り、子どもと子どもの育ちを支える保育の大切さについて考える。

(1) 子ども観の変遷：小さな大人ではない"子ども"

　"子ども"とは何か。何歳までが子どもなのか。そのような子どもの特性、存在価値、人権など、子どもを位置づける子ども観は、時代とともに変化してきた。

　西洋では、18世紀後半から19世紀に産業革命が起こり、子どもは家族の労働力の一員であった。そのため、大人と比べ未熟、無能、無力といった存在とみなされ、早く大人になることが求められていた。18世紀後半、近代市民社会が興隆してくると、ルソー（Rousseau, J. J）は著書『エミール』で架空の人物"エミール"の成長を通して教育方法を示し、子どもの可能性、教育のあり方を論じ"子どもの発見者"と言われた。また、20世紀になるとエレン・ケイ（Key, E.）は『児童の世紀』のなかで「20世紀は子どもの世紀である」と示し、社会は小さな大人ではない"子ども"という存在へ関心を高めていった。

　日本では、明治維新後に西洋諸国に負けない国づくりの一環としてドイツのフレーベル（Fröbel, F.W.A）による幼児教育が取り入れられ、官立幼稚園として東京女子師範学校附属幼稚園が設立された（1875年）。一方、貧民窟の路上で遊ぶ子どもたちにも教育をと、野口幽香と森島美根は二葉幼稚園を設立し（1900年）、日本社会でも子どもへの教育や養

護の必要性への理解が次第に広まっていった。

　やがて20世紀に入り、児童の権利に関する最初の国際的宣言であるジュネーブ宣言（1924年）が国際連盟によって採択され、世界人権宣言（1948年）では児童に対する生命の保障や教育の権利がうたわれた。さらに、児童権利宣言（1959年）では、ジュネーブ宣言を基礎に「児童は、身体的及び精神的に未熟であるため、その出生前後において、適当な法律上の保護を含めて、特別にこれを守り、かつ世話をすることが必要である」（前文）とし、児童は"保護される存在"として児童の権利が示されている。その後、児童の権利に関する条約（子どもの権利条約）（1989年）では、子どもは社会から守られる存在だけではなく「固有の人格や権利の主体としての児童」という子ども観に変化してきた。

(2) 現代の保育観：求められる保育と保育者の資質

　かつての日本では国づくりや子どもの保護のために始まった幼児教育や保育であるが、現代では子どもが主体として保育の活動が行われ、保育の場は保護者や地域の子育て支援の中心的存在としての役割を担っている。厚生労働省告示の保育所保育指針（平成29年3月告示）では、そのような社会的ニーズをふまえて保育所の役割を以下のように示している。

　　　　　　第1章　総則
1　保育所保育に関する基本原則
(1)　保育所の役割
ア　保育所は、児童福祉法（昭和22年法律第164号）第39条の規定に基づき、保育を必要とする子どもの保育を行い、その健全な心身の発達を図ることを目的とする児童福祉施設であり、入所する子どもの最善の利益を考慮し、その福祉を積極的に増進することに最もふさわしい生活の場でなければならい。
イ　保育所は、その目的を達成するために、保育に関する専門性を有する職員が、家庭との緊密な連携の下に、子どもの状況や発達過程を踏

まえ、保育所における環境を通して、養護及び教育を一体的に行うことを特性としている。
ウ　保育所は、入所する子どもを保育するとともに、家庭や地域の様々な社会資源との連携を図りながら、入所する子どもの保護者に対する支援及び地域の子育て家庭に対する支援等を行う役割を担うものである。
エ　保育所における保育士は、児童福祉法第18条の4の規定を踏まえ、保育所の役割及び機能が適切に発揮されるように、倫理観に裏付けられた専門的知識、技術及び判断をもって、子どもを保育するとともに、子どもの保護者に対する保育に関する指導を行うものであり、その職責を遂行するための専門性の向上に絶えず努めなければならない。

　現在の日本は少子社会のため子どもの数が減っているが、近年は核家族や共働き世帯の増加により保育ニーズは増々高まっている。そのため、保育所や幼稚園、幼保連携型認定こども園では、子どもの教育・保育を行うとともに、保護者や地域の子育てを支える場としての役割も担っている。特に近年の保育ニーズの特徴としては、乳児保育、早朝・延長保育による長時間にわたる保育の受け入れ、また虐待、障碍、アレルギー、国籍や文化の違いなどによる個々への細やかな配慮や対応がある。そして、そのような多種多様なニーズに応えながら保育を行っている保育者の資質には、一人一人の倫理観、人間性、そして必要な知識と技術に裏付けられた専門性が求められている。

(3) 乳幼児期に育まれるもの

　文字が書ける、計算ができるなど、目に見えて知的に賢くなったと感じる能力（認知的な能力）がこれまでの教育の成果として評価されてきた。しかし近年では、非認知的な能力を高めることが社会的成功に結びつきやすいと注目されている。非認知的な能力とは、目標に向かって頑張る姿勢、忍耐力、自己抑制力や、社会性、思いやり、また感情をコントロールする力などである。非認知的な能力は認知的な能力のように数

値化が難しく、習得する方法も多様である。しかし、保育の環境として保育所保育指針（平成29年3月告示）に挙げられている「人、物、場」の環境が相互に関連し合う保育の場はまさに非認知的な能力が育まれる場である。

例えば砂場は子どもたちに大変人気のある遊び場である。そこで繰り広げられている遊びや子どもたちの姿は大変興味深い。3歳未満児は砂の感触を楽しんだり、保育者と物のやり取りをしたりしながら、自分の思いを受け止めてもらい安心して過ごす。しかし、時には近くにいた子から砂をかけられたり、使っていた玩具を横取りされたりトラブルも多い。そのように思うようにいかなかったときに、大声をあげて泣く子もいれば、先生に助けを求める子、そっとその場から離れてまた黙々と遊びだす子がいる。どれが正しいかではないが、この実体験は心と身体がともに動き、深い部分にしっかりと刻み込まれていく。そのため、より広い社会に出て困ったなと思った状況にぶつかった時、だれかに助けを求めたらいいのか、それともそっと距離を置いたらいいのかなどあきらめずに、自分の気持をコントロールしながらその時に一番ふさわしい選択ができる力に繋がっていく。

困難を乗り越え、人生をより楽しく、豊かにする力の基礎は、乳幼児期の日々の生活や遊びの中から育まれている。

2．養護と教育の一体化

主体的に遊び生活するには、まず安心・安全な環境が欠かせない。そのために保育では養護と教育が一体となって保育が行われている。

(1) 全ての土台となる養護

保育における養護とは「子どもの生命の保持及び情緒の安定を図るために保育士等が行う援助や関わり」と保育所保育指針（平成29年3月告示）「第2章 保育の内容」にある。

また「生命の保持」として、次の4つのねらいが挙げられている。

① 一人一人の子どもが、快適に生活できるようにする。
② 一人一人の子どもが、健康で安全に過ごせるようにする。
③ 一人一人の子どもの生理的欲求が、十分に満たされるようにする。
④ 一人一人の子どもの健康増進が、積極的に図られるようにする。

「情緒の安定」として、次の4つのねらいが挙げられている。

① 一人一人の子どもが、安定感をもって過ごせるようにする。
② 一人一人の子どもが、自分の気持ちを安心して表すことができるようにする。
③ 一人一人の子どもが、周囲から主体として受け止められ、主体として育ち、自分を肯定する気持ちが育まれていくようにする。
④ 一人一人の子どもがくつろいで共に過ごし、心身の疲れが癒されるようにする。

　この養護と教育を一体的に行うとはどういうことであろうか。例えば、保育所は0歳児から入所が可能な児童福祉施設である。そのため、まだ言葉で「おなかがすいた」「オムツがよごれた」「あたまが痛い」など欲求が言えない乳児も多いため、保育者は子どもの様子から速やかにかつ適切に子どもたちの思いを受けとめ、対応しなければならない。また保育所は生活の場であるため、保育者は一人一人の健康状態、生育歴、心身の発達、日々の生活リズム、家庭環境に至る様々な状況を的確に把握し、家庭と保育所での生活が連続し、子どもが安心して過ごせる配慮も行っている。
　養護とは、子どもが安心して生活できる基礎的な人的、物的環境を整えることである。そのため養護的環境が整って初めて子どもは泣き止み、笑顔で遊びだすことができるのである。

(2) 学びの芽を育む教育

　教育とは「子どもが健やかに成長し、その活動がより豊かに展開さ

れるための発達の援助」保育所保育指針（平成29年3月告示）とある。また、保育所保育指針（平成29年3月告示）「第2章　保育の内容」に示されている通り、1歳以上3歳未満児の保育と3歳以上児の保育においてそれぞれに「健康」「人間関係」「環境」「言葉」「表現」の5つの領域が示されている。特に近年の3歳未満児の保育ニーズの高まりによって保育所保育指針2017年の改訂から乳児及び1歳以上3歳未満児の保育の内容がより充実された。

　さらに、小学校との接続を意識した「幼児教育を行う施設として共有すべき事項」として「育みたい資質・能力」と「幼児期の終わりまでに育って欲しい姿」が保育所保育指針、幼稚園教育要領、幼保連携型認定こども園教育・保育要領で共有された。

　その「育みたい資質・能力」には、次の3つが挙げられている。

- 知識及び技能の基礎
- 思考力、判断力、表現力等の基礎
- 学びに向かう力、人間性等

　さらに「幼児期の終わりまでに育ってほしい姿」では次の10の姿が挙げられている。

- 健康な心と体
- 自立心
- 協同性
- 道徳性・規範意識の芽生え
- 社会生活との関わり
- 思考力の芽生え
- 自然との関わり・生命尊重
- 数量や図形、標識や文字などへの関心・感覚
- 言葉による伝え合い
- 豊かな感性と表現

これらの姿は就学までに習得すべき到達目標ではなく、小学校との接続を可視化した"姿"である。そのため、子どもの自発的な遊びや学びを通して育っていくことを念頭に置きながら、各園でどのようにカリキュラム・マネジメントをしていくかが重要であると位置づけられている。幼稚園、保育所、幼保連携型認定こども園でそのような共通事項が必要となった背景には小1プロブレムがある。また、家庭教育では習い事などの早期教育に対する関心が高まっているが、学校教育の前倒しではない、乳幼児期だからこそ大切にしたい育ちとは何か、教育・保育のあり方が今一度見直される時期ともいえる。

(3) 養護と教育を一体的に行う保育

　乳幼児期の保育の特徴の一つとして養護と教育を一体的に行うことが挙げられる。実際に保育を行ってみると、養護と教育を別々に行うことは不可能である。

　例えば、0歳児の乳児は食事、睡眠、排泄など生活の大部分を大人に世話をしてもらわなければならないので、生命の保持と情緒の安定である養護の部分が多いが、同時に教育に関する関わりも当然行われている。例えば、おむつ替えの場面でいえば、生命の保持及び情緒の安定として、子どもは清潔にしてもらうことにより快適に生活でき、生理的欲求が満たされ安心感を持つことができる。一方教育的関りとしては、「ちっち出たかな」と繰り返し言葉を優しくかけてもらうことにより、子どもは次第に排泄と「ちっち」という言葉が結びついたり、こまめにおむつ交換をしてもらうことにより、快と不快の感覚が育ち排泄の自立へとつながっていく。

　また、5歳児になれば、生活の多くを自分で行うことができるが、5歳児でも養護の関りは必要である。低年齢児のように直接的に手取り足取り援助を受けることは少なくなるが、友達とけんかをした時などは保育者が仲立ちをしたり、そっと近くで見守ったりすることで、情緒の安定として安心して自分の気持ちを表わすことができる。そして教育の面から言えば、自分の気持ちを自分なりの言葉で友達に素直に伝えようと

したり、友達の気持ちを聞こうとする思いが育っていくことである。

2節　子ども育む保育

1．発達と保育
　一人一人の子どもに寄り添い、主体的に子どもを育む保育は個々の発達を捉えることから始まる。

(1)　発達を理解する
　発達心理学では、発達を受精の瞬間から死に至るまでの人間の一生の変化と捉える。変化と言っても様々で身体が大きくなるということだけではなく、身体能力の変化、心の変化などの量的変化と質的変化が見られる。そのため、発達や発達段階を示した理論は様々存在する。
　例えば、エリクソン（Erikson, E.H.）の人生における8つの発達段階を示した人格発達理論、フロイト（Freud, S.）の身体部位を中心とした精神性的発達段階の提唱、ピアジェ（Piajet, J.）の認知発達理論、ヴィゴツキー（Vygotsky, L.S.）の発達の最近接領域などを提起した社会文化的発達理論、ボウルビィ（Bowlby, J.W.）の愛着発達理論など、身体的発達だけではなく心の発達についても議論されてきた。
　このような発達理論はお互いに相容れる理論もあれば、批判し合う側面も持っている。それは人間の発達とは多面的で多様な捉え方ができるからである。逆説的に言えば一面だけを捉えて発達を決めつけてはいけない。そのため、保育でも子どもの発達を捉えようとするときは、様々な発達理論に照らし合わせ、子どもが今つまずいている課題は何なのか、また今楽しんでいることは何なのかを考え理解することが必要となる。そして、子ども一人一人にあった環境を工夫し設定することが、子どもの育ちを支える豊かな保育につながっていく。

(2)　保育における発達段階の捉え方
　発達段階とは、子どもの成長過程においては、個人差はあるものの、

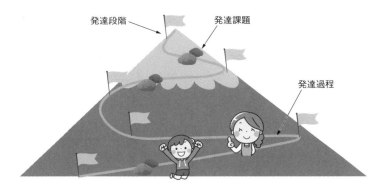

図1　発達段階と発達過程のイメージ（筆者作成）

多くの子どもに共通して見られる発達の特徴である。また「発達過程」とは発達の連続性を示した道筋である。子どもは各発達段階における特徴を踏まえた成長をそれぞれの段階で達成することで、連続性ある望ましい発達が期待される。

　発達段階と発達過程の関係を山登りに例えるならば、発達段階とは山頂に向かう１合目や２合目のような通過点であり、発達過程とは発達段階を目指してどこをどう通ってきたかという道筋である（図１）。さらに言えば、発達課題は道々に現れる大きな岩や細道、急な斜面である。そのため、発達段階を理解せず達成する結果ばかりを追うということは、各合目の通過点を無視して、山頂ばかりをやみくもに目指していることと似ている。そのような無茶をすると迷子になり頂上へ到達できないことばかりか、危険を伴う恐れもある。

　つまり、発達の道筋には順序性があり、発達の飛び越しや逆行は、その後の発達の歪みやつまずきの原因になる場合がある。例えば、赤ちゃんは首が座った後に寝返りをし、ハイハイをし、立ち、歩く。特に運動発達の特徴として①屈曲優位から進展優位へ、②上から下へ、③中心から末端へという順序性がある。そのため首や背中、腰が座っていないのにお座りの練習をしたり、ハイハイが十分できていないのに歩く練習をしたりすることは、まだ育っていない身体へ負荷をかけてしまう恐れがある。

また山頂までの道筋や行程は一つとは限らないように、発達過程も人それぞれの速さがあり、コースもそれぞれである。そのような発達という山を登る助けをするガイドが保育者であり、子どもは自らの足で登ることで主体的に育っていくのである。

(3) 発達を理解し育ちを支える保育

　1歳のA男は、欲しい玩具があると、それまでは力づくで友達から奪っていた。そこで保育者はA男に対して「Aくんもこれが使いたかったのかな」と気持ちを代弁したり、繰り返し「Aくん、貸してって言おうね」「こっちにも同じおもちゃがあるよ」など友達との関わり方を知らせていった。やがてA男は友達から玩具をとってしまう前に、保育者の顔を見て「あ、あ」と指をさして"欲しい"と訴えるようになり、さらに数か月後には、「カ・シ・テ」と言えるようになった。

　また、運動遊びが苦手な4歳のA子は、初めは保育者が鬼ごっこや鉄棒遊びに誘っても「やらない」と言い、砂場ばかりで遊んでいた。しかし、保育者は身体を使って遊ぶことの楽しさを感じてほしいと思い、様々な身体を使う遊びを考え、無理強いしない程度に誘ったり、根気強く見守り続けた。やがてA子は少しずつ周りの友達が楽しそうに園庭で遊ぶ姿を気にし出し、昨日まで逆上がりができなかった友達ができるようになる姿を見たりして、だんだんと自分もやってみたい気持ちが芽生えてきていた。そこで保育者は鉄棒の近くで様子をうかがうA子に「Aちゃんもやってみる？」と誘いかけるとA子は「うん」とうなずき、次の日からは友達と一緒に鉄棒遊びをするようになった。

　このように子どもの成長は様々な要因が関係しているため、保育は適切な援助をするために、一人一人の発達過程や状況を把握することが必要である。しかし、どんなにベテランの保育者でも、いつでもだれに対しても適切な援助ができるとは限らない。そのため、保育者は常に自らの保育を省察し、よりよい方法を模索して、次の日の保育に生かしていく。または、研修等に参加し自己研鑽に努め、自らの保育力を高めているのである。

このようにして、高い専門性をもった保育者によって一人一人の子どもの育ちは支えられている。

参考文献・引用文献

厚生労働省（2017）．保育所保育指針〈平成 29 年告示〉株式会社フレーベル館
保育士養成講座編纂委員会（編）（2011）．改訂 4 版・保育士養成講座　第 3 巻　発達心理学　社会福祉法人全国社会福祉協議会
丸山美和子（2011）．保育者が基礎から学ぶ　乳児の発達　かもがわ出版
繁多進（監修）向田久美子、石井正子（編著）（他）（2016）．新乳幼児発達心理学――もっと子どもがわかる　好きになる　福村出版
ジェームズ・J・ヘックマン（2015）．幼児教育の経済学　東洋経済新報社

コラム 1　主体としての子ども

　保育の活動には行事に関する活動が多くある。例えば、入園式、卒園式、運動会、生活発表会、作品展などである。それらの活動を通して子どもは多くのことを経験し、大きく成長するきっかけにもなっている。また、成長したわが子を見たいという保護者からの期待も大きく、保育者もついつい力が入る活動と言える。そんな行事に向けた活動のエピソードを紹介する。

　生活発表会まであと1週間となった4歳児のクラス。担任のA先生は子どもたちがまだセリフを覚えていない姿や、自信なさそうに舞台に立つ姿を見て少し焦っていた。そこでA先生は「今日は劇遊びしようね」と子どもたちに伝える。するとB男は「え～、お外いけないの？」と不満そうに言う。A先生も負けじと「みんなが上手にできたらお外いこうね」と言い、劇遊びを始めた。A先生は子どもたちが楽しく活動に取り組み、自信をもって発表会に参加してほしいと思い、たくさん褒めながら活動を進めていった。そして一通りやり終えると、C男が「先生、遊んでいい？」と聞いた。その言葉にA先生はハッとした。以前園長先生から「子どもに練習は必要ないのよ。子どもはすべて遊びから学んで成長するの」と言われ、A先生も"練習"という言葉は使わずに、遊びの一環として取り組めるようにしてきたつもりだったが、実際は子どもたちにとって"遊び"にはなっていなかったのだ。

　子どもが主体として受け止められ、活動する保育によって、子どもは自己肯定感、自主性、信頼感、安心感など多くのことが育まれる。A先生もそのことを理解して、子ども自ら主体的に活動に取り組めるように、計画し実践してきたが、つい焦ってしまい「させる」「教え込む」「練習する」といった保育者主導の活動になってしまったと反省をした。しかし、なんでも子どもの言うことを許容することが、子どもが主体として受け止められている保育ではない。それは放任という。

　「主体としての子ども」を常に念頭に置き、ねらいをもって活動が組み立てられているか、援助できているかと自問できる保育者こそ専門性のある保育者といえる。

第 2 章　**胎児期からはじまる育ち**

1 節　胎児期

1．胎児期を理解する必要性

　近年の保育においては、乳児期からの子どもの発達をふまえた保育が重要視されている。また、医療技術の進歩によって胎児期に関する新たな知見が明らかになっており、ヒトの生命の出発点である胎児期の理解によって乳児期以降の子どもの育ちへの理解がより深まると思われる。また、妊娠期は親としての出発点でもある。妊娠期の親を理解し支援することは、保育者としての重要な役割である。

　本章では、胎児期を胎児そのものだけでなく、胎児に大きな影響を与える母体（妊娠期の女性＝母親）とその家族の心理的状態の2つの側面について概説する。

2．胎児とは、胎児期とは

　ヒトは白紙の状態で生まれるわけではない。最近の研究では、詳細な胎児の画像によって、胎児には自発的な行動があることや、その行動は出生後の原始反射につながることがわかってきた。つまり胎児は、出生後の外界に適応するための能力を子宮の中で自ら育くんでいる。

(1)　受精から出生までのプロセス

　ヒトの生命は、射精により放出された数億の精子の内の1つと、1つの卵子が合体し受精した瞬間から始まり、最終月経初日から約280日で出生に至る（表1）。

　受精卵の成長過程は、一般的に細胞期、胎芽期、胎児期に分けられる。また、妊娠期間の40週を大きく3期に分け、胎芽から胎児に移行する

表1 胎児の成長の過程（我部山・宮中（2010）、齋藤（2014）を参考にして著者作成）

妊娠週数	日数	妊娠月数	妊娠時期	身長(cm)	体重(g)	胎児の特徴
0週	0 ～ 6日	第1月	初期	1	1	・最終月経の初日を0週0日とする ・妊娠の成立（受精）を妊娠2週0日とする
1	7 ～ 13					
2	14 ～ 20					
3	21 ～ 27					
4	28 ～ 34	第2月		2.5 ～ 3	5	・四肢の突起が現れ、人間の形態となる ・超音波断層法で胎嚢が確認できる ・超音波断層法で胎児心音が確認できる
5	35 ～ 41					
6	42 ～ 48					
7	49 ～ 55					
8	56 ～ 62	第3月		7 ～ 9	20	・頭部、体幹、四肢が明確になる ・心音が確認できる ・10週以降を胎児と呼ぶ
9	63 ～ 69					
10	70 ～ 76					
11	77 ～ 83					
12	84 ～ 90	第4月		14 ～ 17	120	・胎盤が完成する ・性別が明瞭となる
13	91 ～ 97					
14	98 ～ 104					
15	105 ～ 111					
16	112 ～ 118	第5月	中期	18 ～ 27	250 ～ 300	・母体が胎動を自覚する
17	119 ～ 125					
18	126 ～ 132					
19	133 ～ 139					
20	140 ～ 146	第6月		28 ～ 34	600 ～ 700	・骨格が完成する ・目瞼が分離する ・頭髪がみられる
21	147 ～ 153					
22	154 ～ 160					
23	161 ～ 167					
24	168 ～ 174	第7月		35 ～ 38	1000 ～ 1200	・胎児の運動が活発で位置が変わりやすい
25	175 ～ 181					
26	182 ～ 188					
27	189 ～ 195					
28	196 ～ 202	第8月	後期	40 ～ 43	1500 ～ 1700	
29	203 ～ 209					
30	210 ～ 216					
31	217 ～ 223					
32	224 ～ 230	第9月		46 ～ 48	2000 ～ 2500	・皮下脂肪が発達する
33	231 ～ 237					
34	238 ～ 244					
35	245 ～ 251					
36	252 ～ 258	第10月	末期	48 ～ 50	3000 ～ 3300	・成熟児の特徴を備える ・37週から41週までを正期産という ・40週0日（280日）を分娩予定日とする
37	259 ～ 265					
38	266 ～ 272					
39	273 ～ 279					
40	280 ～ 286					

＊妊娠期間は妊娠週数と0日から6日までの組み合わせで表す。最終月経の初日を0週0日とし、1週目の最終日が0週6日、その次の日は1週0日となる。

最初の3か月（第1三半期）を器官形成期とする場合もある。

① 細胞期

受精卵が卵管中で細胞分裂を繰り返しながら子宮内に移動し着床するまでを細胞期という。受精卵は子宮に着床した後、細胞が活発に分裂し、身体の原型となる諸器官が分化・形成する。

② 胎芽期

受精卵が子宮内膜に着床してから妊娠8週までを胎芽期という。この時期の胎児はまだヒトの形ではないが、心臓、脳、目、手足、耳、口など主要な臓器や組織が徐々に形成される。母体の胎盤は完成していないため、流産を起こしやすい時期でもある。

器官形成期でもあるこの時期は、胎内感染症への注意が必要である。胎内感染症とは、胎芽期あるいは胎児期に発症する先天性異常の原因の一つであり、妊娠中の母体への感染が胎児に及ぶことで成立する。先天異常の原因となる胎内感染症としては、トキソプラズマ、風疹、サイトメガロウイルス、単純ヘルペスがある。また、睡眠薬であるサリドマイド、抗てんかん薬であるフェニトイン、パルプロ酸などは胎児の器官形成や機能発達に障害を与える薬物である。母親の喫煙による一酸化炭素と、ニコチンやアルコールの過度の摂取も子宮内発育不全などの障害をもたらす場合がある。

③ 胎児期

胎児は羊水で満たされた子宮内で成長する。羊水は胎児の環境であり、体温の維持や物理的衝撃から胎児を保護している。羊水は無色透明の弱アルカリ性でほとんど水分であるが、電解質、アミノ酸、胎児由来の物質をわずかに含み、妊娠末期では約500mlとなる。

(2) 胎児期にみられる特徴的な運動（general movement：GM）

超音波診断装置の進化によって、子宮内の胎児の表情や動きをリアル

タイムに確認することが可能となった。受精後7～8週頃から、胎児には全身を伸展させる驚愕用運動や手足の運動が見られ、GMは大きな動きから小さな動きに運動様式を変化させる。呼吸運動や吸啜運動は胎児の月齢とともに徐々に増加する一方、驚愕運動や全身伸展運動、手に顔を持っていく運動はいったん増加するが月齢に伴って減少する。

(3) 感覚機能の発達

超音波検査による胎児の行動観察や出生後の実験によって、胎児期からの感覚機能の発達が明らかになっている。

① 触覚

触覚は、知覚の中でも最も早く発達する。受精後9週の胎児では、口唇への接触行動がみられ、胎内での吸啜反射が確認されている。12週になると、手掌への接触で把握反射が誘発される。胎児期から乳児期前半にかけて、触覚は最も重要な感覚機能であると考えられている。

② 味覚

母体の血液成分中の味や匂いに対する胎児の心拍の変化や胎動を調べた研究では、胎児は甘味と苦味を区別していることが報告されている。

③ 臭覚

早期産の新生児を対象にした研究では、在胎7～10か月には臭覚器官が発達することが報告されている。しかし、臭覚は空気中の匂い分子の刺激によってもたらされることから、胎児は羊水の中では匂いを感じることはないと考えられている。

④ 聴覚

母親の腹壁にあてた音に対する胎児のGMを観察することによって、胎児の聴覚機能が明らかにされている。たとえば、19週の胎児は、500ヘルツの音に反応して胎動が観察されたが、1000ヘルツでは反応が見

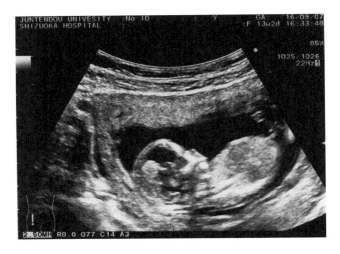

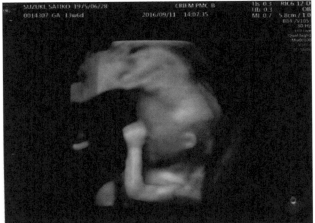

図1 子宮内の胎児

1枚目 超音波検査による13週2日の胎児
2枚目 3次元(3D)超音波検査による13週6日の胎児
(提供:鈴木幸子さん)

られなかった。羊水で満たされた子宮内で高音域は吸収されるが、母親の声（約 200 〜 1000 ヘルツ）は届いているとされる。

⑤ 視覚

眼球の網膜裏の血管は在胎 9 か月頃に完成する。しかし、真っ暗な体内から出て刺激を受け取らなければ視覚は発達しない。新生児は明暗やコントラストをまだ十分に見分けることができず、大きな物の輪郭がぼんやりと見える状態であるとされる。

2節　妊娠期の女性

1．妊娠期女性への理解の広がり

カイロ国際人口・開発会議（1994 年）、北京女性会議（1995 年）でリプロダクティブヘルス／ライツ（Reproductive Health/Rights）が提唱され、生殖の全てのプロセスについて女性・子ども・家族が心身共に良好な状況であるような支援が方向づけられた。

妊娠による女性の生理的心理的変化については、母子保健だけではなく社会全体のさらなる理解が必要である。

2．妊娠による生理的変化

妊娠は、女性の体内に異物が発生することでもある。妊娠の成立に伴い、エストロゲン（卵胞ホルモン）、プロゲステロン（黄体ホルモン）、ヒト絨毛性ゴナドトロピン（hCG）などのホルモンによる免疫抑制機能が作動する。これらのホルモンは、母体が胎児を異物として認識することを抑制し、妊娠を継続させるために重要な役割を果たしている。一方、これらのホルモンは嘔吐中枢を刺激することから「つわり」の発症を促すとも考えられている。また、妊娠前期には、体温の上昇や乳房の張り、強い眠気など、ホルモンバランスの変化による体調の変化が生じやすい。

3．妊娠による心理的変化

　妊娠期の女性の感情や行動については、自分の母親や親戚・知人など、妊娠経験者の語りによってその一端を理解することができるだろう。また、作家が自らの妊娠・出産経験を記した小説やエッセイが多数出版されている（章末注参照）。

(1) 親としてのはじまり

　岡本（2016）によると、妊娠16週頃から感じる胎動によって母体と胎児はコミュニケーションしており、胎動は親への移行の大きな契機の一つである。我部山（2014）は、妊娠期間を通した女性の感情変化の特徴として、刺激過敏性と感情の不安定、内向性、消極性、欲求（食欲と性欲）の変化を挙げている。

　このように、女性は妊娠期という親への準備期間を経て親として発達する。その過程には予期せぬ生理的心理的変化が生じることがある。妊娠・出産は女性の人生において、大きな危機を孕むともいえる。

(2) 妊娠期の女性のメンタルヘルスとサポート

　妊娠期には、なんとなく憂うつであったり、落ち込むなどの抑うつ傾向を示す女性の割合が高い。妊娠によるホルモンバランスの変化や妊娠に対する不安やストレスがその要因といわれている。さらに不安やストレスが継続することで、産後のマタニティーブルーやうつ病の発症につながる。児童虐待と母親の抑うつとの関連性も指摘されており、注意しなくてはならない。

　現代の日本では、30代から40代男性の就労環境は厳しく、妻は妊娠期に夫のサポートが十分得られない場合も多い。男性の育児休業取得率がわずかに上昇してはいるとはいえ、ほとんどの場合は妻の出産後の休業であり、出産を控えた時期の母体へのサポートとは言い難い。妊娠期から育児期にかけては、夫や家族だけでなく地域の医療や福祉が連携して一貫したサポートが行われることが望まれる。

4．妊娠中の健康管理

(1) 母子手帳

　居住地の保健所や保健センターへ妊娠を届け出ると、母子手帳が交付される。母子手帳は、妊娠や出産の経過記録としてだけでなく、出産後の乳児健診や予防接種など育児期の成長記録としても有用である。

(2) 定期健診

　妊娠中の定期健診はおおむね妊娠31週までは4週に1回、妊娠32週から35週までは2週に1回、妊娠36週以降は1週に1回とされており、受診のための費用の一部は公費で負担されている。妊婦健診では、体重・血圧・子宮底長の測定、尿検査、超音波検査などが行われ、母体や胎児の健康状態が確認される。

(3) 母親学級、両親学級

　妊娠後期に入ると、分娩を予定している病院や居住地の保健所で行われる母親学級や両親学級への参加が促される。母親学級や両親学級では、助産師によって分娩の経過や呼吸法、入院の際の持ち物などについての説明や沐浴や授乳などの実技指導が行われている。
　現代の日本では、初産婦のほとんどは子どもを産んで始めて乳児を抱くといわれている。母親学級や両親学級は、妊娠・出産・子育てに関する具体的な学びと、そこに参加する親同士の交流の機会となっている。

3節　夫婦関係と家族システムのクライシス

　妻の妊娠は夫婦の心理的関係に変化をもたらすだけではない。夫婦というペアに子どもが生まれることで家族の心理的関係は複雑化する。夫と妻という二者関係が、子どもの誕生によって三者関係に変化し、夫と子ども、妻と子どもという二者関係と、夫・妻・子どもの三者関係が複雑に絡み合うようになる。妊娠期は、夫婦という二者関係から、親子という三者関係に移行するための準備期でもあるともいえる。

保育現場では、母親の第2子妊娠をきっかけとした子どもの行動や心情の変化が観察されることがある。たとえば、すでに排泄の自立が完了していた2歳児が退行現象を示したり（オムツに戻ってしまったり）、自己主張が急に激しくなることがある。第1子にとっては、母親の妊娠はそれまでの親子関係を揺るがす出来事であり、その不安や葛藤が顕在化すると考えられる。

　一方、第2子の妊娠によって第1子との関わりに不安をもち、罪悪感を抱く母親もいる。「第1子に対する愛情が不足するかもしれない。第1子に申し訳ない」あるいは「子どもをかわいいと思えない」などの否定的な感情が日々の子育てそのものをネガティブにすることもある。

　家族システム論においては、家族関係のどこかに生じた揺らぎは家族全体の揺らぎにつながると考える。妊娠や出産は女性にとって大きなライフイベントであると同時に、家族システムの危機でもある。揺れの大きさや長さは家族によって違いがあるかもしれない。そして家族は揺らぎながらもそのシステムを維持しようとエネルギーを使う。そのプロセスは家族によって違いはあるだろうが、その変化を家族の心理的発達と捉えることができるだろう。

　以上、本章では胎児期に関して、胎児だけでなく、親としての発達の出発点としての妊娠期の心理的様相についても概説した。

　胎児期の理解は、乳児期以降の身体的心理的発達の理解につながることは言うまでもない。ヒトのはじまりは親のはじまりであり、家族のはじまりでもある。生まれた子どもの発達に沿って、親と家族も発達する。

＊注
作家本人が自らの妊娠・出産を題材にした作品を以下に紹介する。
妊娠期から育児期初期にかけの女性の感情や行動などを年代別に比較してもおもしろい。
伊藤比呂美（1985）．良いおっぱい悪いおっぱい　冬樹社
（伊藤比呂美（2010）．良いおっぱい悪いおっぱい完全版　中央公論社）

石坂啓（1993）．赤ちゃんが来た　朝日新聞出版
さくらももこ（1995）．そういうふうにできている　新潮社
川上未映子（2014）．きみは赤ちゃん　文藝春秋

参考文献・引用文献

我部山キヨ子・宮中文子（2010）．母性看護，武中雄二（著者代表）新看護学14母子看護　医学書院
小西行郎（2013）．今なぜ発達行動学なのか──胎児期からの行動メカニズム　診断と治療社
中西由里（2004）．第2章胎児と母親，麻生武・内田伸子（編著）講座生涯発達心理学第2巻人生への旅立ち──胎児・乳児・幼児前期　金子書房
西山美雪（2015）．出生前診断　筑摩書房
岡本依子（2016）．妊娠期から乳幼児期における親への移行　新曜社
定方美恵子（2014）．第5章妊娠期，斎藤いずみ（編著）改訂新版母性看護学　財団法人放送大学教育振興会
齋藤いずみ（2014）．第2章統計値から見る日本の母子保健水準，斎藤いずみ（編著）改訂新版母性看護学　財団法人放送大学教育振興会
坂上裕子・山口智子・林創・中間玲子（2014）．問いからはじめる発達心理学──生涯にわたる育ちの科学　有斐閣
榊原洋一（2011）．第2章胎児期・周産期，無藤隆・子安増生（編著）発達心理学Ⅰ財団法人東京大学出版会
坂間伊津美（2010）．第3章妊娠期の看護Ⅰ　妊婦と家族のアセスメント，小松美穂子・坂間伊津美（編著）　母性看護学財団法人放送大学教育振興会
高内正子（2009）．新乳児保育への招待──胎児期から2歳まで　北大路書房
田中亜裕子（2014）．やさしく学べる乳幼児の発達心理学：妊娠、出産から子育てまで　創元社
多胎児と低出生体重児の家庭支援普及事業委員会編（2009）．多胎児と低出生体重児の家庭支援　財団法人家庭保健生活指導センター
上田玲子（2005）．生涯人間発達学改訂第2版増補版　三輪書店
山口真美（2006）．赤ちゃんは世界をどう見ているのか　平凡社

コラム2　妊娠・出産に関する気になる話題

　保育現場では、妊娠中の母親に出会う機会も多い。最近の医療技術の進歩や社会環境の変化に伴い、妊娠・出産に関連した現代的課題が生じているが、いずれも非常にデリケートな問題でもあり、保育者には正確な知識と十分な配慮が必要とされる。

(1) 低出生体重児（出生時の体重が2500g未満）の増加

　多胎児の妊娠では、単胎の場合よりも早期産の割合が高く、低出生体重児として産まれてくることが多い。低出生体重児は、成人期以降の生活習慣病、心筋梗塞、高血圧の罹患率が高いという研究結果がある。

　また、単胎での早産の増加も低出生体重児増加の一因である。早産は、母親の喫煙やアルコール摂取、過度のストレスなどの生活環境の悪化だけでなく、母体の「やせ」が問題になることがある。妊娠前の「やせ」と妊娠期の体重増加不足によって胎児に十分な栄養を送ることができず、その結果、胎児の成長に支障をきたす場合がある。

(2) 出生前診断

　出生前診断とは、広義には妊娠中に行われる胎児の発育や異常の有無などを調べるすべての検査を含む。一方、狭義には、羊水検査や絨毛検査などによる遺伝学的検査を出生前診断と呼ぶ。2013年に始まった新型出生前診断は、妊婦の血液で胎児の染色体疾患が高い精度でわかるとされる。米国、英国、デンマーク、オランダなどでは、妊婦の年齢にかかわらずすべての妊婦に出生前診断の選択肢を提供することが推奨されている。一方、日本では、出生前診断についての社会的コンセンサスが得られていない現状がある。

　医療技術の進歩によって、胎児の染色体異常の発見だけでなく、胎児の子宮内治療すらも可能になっている。子どもの命を守り心を育てることが保育者の使命であるからこそ、生命の始まりを真摯に受け止めたい。

トピックス1　子ども家庭支援を発達心理学の視点から考える

　保育士養成課程において「保育士には、子ども及び子どもの家庭への支援に関して、より具体的な実践力の習得が求められ、その前提として、子どもの発達過程や家庭など、保育や子育て支援の基本となる対象の理解が不可欠である」ことが示され、科目「子ども家庭支援の心理学」が新設されることになった。子どもだけでなく保護者の心理的理解は子ども理解を促すだけでなく、家庭支援にもつながるだろう。

　不安やストレスなどネガティブな心理状況を抱える親（主には母親）に関する心理学的知見の多くは、育児期母親の職業の有無を説明変数として取り上げてきた。たとえば、育児負担感は無職の母親よりも有職の母親が高く、育児不安感は有職の母親よりも無職の母親が高い。また、家族や知人だけでなく、保育者のサポートが母親の不安感や負担感を低くするなど、子育て支援による心理的効果が報告されている。

　育児期の母親感情をどのように捉えるか、このことは保育者による子育て支援において重要な課題である。ブロンフェンブレンナーによれば、家族は子どもにとって最も身近な環境である。子どもと親の発達的変化は相互に影響し合うだろう。たとえば、母親の感情は子どもの発達的変化や行動に伴って変動する（江村, 2018）。子どもと保護者の感情に視点を置くことで、その理解が促されるのではないだろうか。また、親子や家族をシステムとして捉えることはそれぞれの感情だけでなく親子関係の理解の上でも有用と思われる。

　さらに、子どもと家庭を支援することは、保育に関わる専門職が協働する営みである。福祉・教育・医療の枠を超え、保育者はジェネラリストとして子どもと家庭の傍らにある存在といえよう。

※引用文献
江村綾野 (2018). 幼児の生活とそれに伴う母親の心情：幼児理解のための家族システム論に基づく検討. 川村学園女子大学紀要, 29, 1-13.

第3章　子どもの発達を読み解く

1節　初期経験の大切さ

1．生涯発達という観点

　乳幼児期の教育及び保育は、「子どもの健全な心身の発達を図りつつ生涯にわたる人格形成の基礎を培う重要なもの（幼保連携型認定こども園教育・保育要領（平成29年3月告示），2017）」であり、その重要な時期を支える保育者には、子どもの発達を理解し、適切に支援することが求められている。

　そもそも「発達」とは、「受精から死に至るまでの心身の形態・構造・機能に関する量的・質的変化」のことをいい、特に量的に増大することを示す「成長」とは異なった意味をもつ。この、"死に至るまでの変化"がポイントで、人間は、誕生してから死に至るまで生涯変化し続ける存在であり、その変化は生涯発達といわれている。

　生涯発達心理学をたちあげたバルテス（Baltes, P.B.）は、その観点として、①発達は生涯にわたる過程であること、②発達は生涯を通じて常に獲得（成長）と喪失（衰退）とが混在していること、③個体の発達は歴史的文化的条件の影響を受けること、などを主張した。さらに、生涯発達への影響をもたらす要因として、標準年齢的要因、標準歴史的要因、非標準的要因の3つをあげている（図1）。

　標準年齢的要因とは、一定の年齢・時期にほとんどの人が経験する生物学的要因（第2次性徴の存在や到来時期など）および社会的要因（多くの社会文化に共通する学校制度や入学時期：義務教育など）のことであり、人生の前半（児童期）ほど強く影響を受ける。その後減少し、人生後半（成人期）に微増するという。標準歴史的要因とは、同じ時代を生きた人が共通に経験すること（戦争、景気の変動、流行）であり、そ

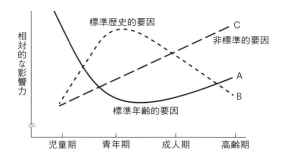

図1　相対的な影響力の発達的変化（Baltes et al., 1980; 遠藤, 2012 をもとに作成）

の影響は青年期に最も大きくなるという。非標準的要因とは、個人が人生の中で特異的に経験することで（経験の時期も内容も異なる）、その影響は加齢とともに増大するという。つまり、保育者は子どもの健全な心身の成長発達を支えるためにも、発達を生涯過程全体として将来を見据えることが大切だといえる。

2．初期経験の大切さ

　親ガモが子ガモを引き連れて歩いている姿をみたことがあるだろうか。テレビのニュースでも取り上げられる「カモの引っ越し」である。これは、比較行動学者のローレンツ（Lorenz, K.）により発見された刻印づけ（インプリンティング、刷り込み）という現象であり、離巣性鳥類（カモのように孵化してすぐに移動できる鳥）のヒナは、孵化直後に最初に出会った動く対象の後にくっつき、追尾する。しかも、この刻印づけには、ある特定の時期に特定の刺激を受けることでその効果が最もよく現れるような臨界期が存在しており、もし臨界期を過ぎた後に親鳥を見たとしても、追尾することはない。このように、発達初期の限られた期間での特定の経験がその後の発達に決定的な影響をもたらすことを初期経験といい、その重要性は広く知られるようになった。

　人間においても、歩行などの運動機能や母語の理解や発話について、初期経験の重要性が指摘されている。たとえば言語面については、誕生から6年ぐらいの間に十分に言葉に触れておく必要があり、この時期を

逃すと獲得が著しく困難になるといわれている。また、発達早期に虐待などの極限的な体験をした場合、後の発達に深刻な影響が見られることも分かっている。しかし一方で、この時期を過ぎてもある程度の能力獲得は不可能ではないという指摘もなされており、現在は臨界期よりも少し緩やかな意味合いの敏感期（他の時期よりも学習や習慣形成がしやすい時期）が想定されている。

　また、現在、乳幼児期に獲得しておくべき力として、非認知的な能力への注目が高まっている。非認知的な能力とは、何かができたことをもって測られる力ではなく、自分の個性を活かしながら、物理的環境や人との関わりといった社会的な環境とうまく相互作用ができる力のことである。これは、社会情動的スキルともいわれ、具体的には、目標を達成するための「忍耐力」「自己抑制」「目標への情熱」、他者と協力するための「社交性」「敬意」「思いやり」、情動を抑制するための「自尊心」「楽観性」「自信」といったもので成り立ち、これらは生涯の子どもの学びを支えるとされている。

　乳幼児と関わる保育者においては、初期経験の大切さを念頭におきつつ、その時期に経験するのが望ましいとされる環境を整え、発達状態に応じて働きかけることが大切といえる。

2節　遺伝と環境の相互作用

1．遺伝と環境、どちらが発達を決めるのか

　人間の発達をめぐる問題としては、「生まれ（遺伝）か育ち（環境）か」という論争が古くからなされてきた。遺伝的要因と環境要因のいずれか一方の機能を重視するものから、どちらの要因も重視する相互作用説へと変遷し、現在では行動遺伝学という、遺伝と環境の影響率を明らかにする学問からも議論がなされている。子どもたちの発達は、いったいどんな要因で形作られるのだろうか。

(1) **遺伝説（成熟説）**

　遺伝説（成熟説）とは、持って生まれた才能や能力には遺伝的な要因の影響が大きく、一定の時間を経ると発達が自然に現れるという考え方で、これを支持する研究には家系調査法や双生児法がある。家系調査法は、ある特徴をもつ人たちが同一家系の中でどれぐらいの頻度で出現するか調べるものである。遺伝学者のゴールトン（Galton, F.）はバッハやダーウィンなどの天才家系を調べ、一族に同様の天才が多いことから遺伝説の重要性を説いた。また、双生児法では、ゲゼル（Gesell, A.）による階段上りの実験がある。この実験では、双子の片方の子どもにのみ、階段上りの訓練を一定期間行い、ある程度上れるようになったところでもう片方の子どもにも2週間の訓練を行い、その速さに違いがあるか検証した。実験の結果、早期から訓練を受けた子どもと後から訓練を受けた子どもの階段上りの速さには差が見られなくなった。このことから、ゲゼルはある学習を受け入れるためには心身の準備性（レディネス）が必要だとし、遺伝の優位説を唱えた。

(2) **環境説（経験説）**

　環境説とは、育った環境のもと、経験や学習の結果によって個人差が決まるという考え方である。イタール（Iterd, J.M.G.）による「アヴェロンの野生児」[1]からは、人間的な環境から隔離された子どもが、健全な成長発達を遂げるのは極めて困難であり、人間らしい成長のためには環境が重要な要因になることが示されている。また、行動主義者のワトソン（Watson, J.B.）は、学習理論を用いて「アルバート坊やの実験」を行った。これは、最初は白ネズミに恐怖を感じていなかったアルバート坊やに、白ネズミを触ろうとすると背後で大きな音を聞かせるといった実験である。この経験を繰り返すうちに、アルバートはネズミに対する恐怖心が植え付けられてしまった。ワトソンは、"健康な赤ん坊と特別な養育環境が与えられるなら、その子の能力や親の職業に関係なく、ど

---

[1] 野生児研究については、様々な矛盾点が指摘されており、その信ぴょう性が疑われることから、現在は概ね否定的な見解がなされている。

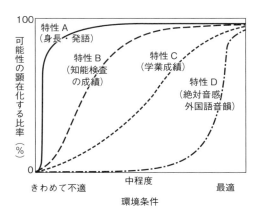

図2　ジェンセンの環境閾値説（東（1969）；柏崎（2017）をもとに作成）

んな職業の人にでも育てあげる"、と述べており、置かれた環境でどのような特性も獲得することが可能であると主張した。

(3) **遺伝も環境も**

　近年では、「生まれ（遺伝）か育ち（環境）か」という単一要因を想定した議論から、ともに影響し合うという考え方へ流れが変わってきた。シュテルン（Stern, W.）は、どのような形質も遺伝と環境の両者が関与して発達するといった輻輳説を提唱した。輻輳とは「集まる」という意味で、「遺伝＋環境＝発達」という足し算で捉えており、それぞれ独立した効果をもつためお互いに影響しないとされる。

　その後、遺伝と環境は相互に絡み合って発達に寄与するという相互作用説が現れ、現在の主流となっている。ジェンセン（Jensen, A.R.）は、遺伝的に備わっている特性であっても、それが現れるためにはある一定以上の環境条件が必要であり、その環境条件は遺伝的特性によって異なるとして、環境閾値説を提唱した（図2）。たとえば身長や発語などは、いかなる環境においても顕在化しやすい特性と考えられるのに対し、絶対音感などは、極めて優れた環境に置かれて初めて顕在化するとされている。

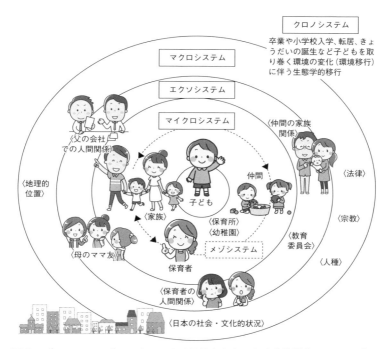

図3　ブロンフェンブレンナーによる子どもをとりまく生態学的システム（岡本ら（2004）、赤尾（2016）を参考に作成）

（4）生態学的システム

　ブロンフェンブレンナー（Bronfenbrenner, U.）は、人間の発達は、個人と、個人を取り巻く周囲の環境との相互作用であることを主張し、生態学的システムを提唱した（図3）。これは、システム内およびシステム間で相互作用する入れ子構造になっており、子どもを取り巻く環境の変化（環境移行）に伴い、子どもをとりまくシステムは増え、より複雑なシステムのなかで発達するとされる。

　生態学的システムは、子どもを中心にマイクロシステム、メゾシステム、エクソシステム、マクロシステム、クロノシステムの5層からなる。マイクロシステムは、家族の構成員（両親やきょうだい）、保育所や幼稚園の先生や友だちとの関係といった、直接関わることができる人間関係のことである。メゾシステムは、マイクロシステムにあるすべての関

係や結びつきのことである。その人間関係は相互に影響しあっており、夫婦関係は親子関係に影響し、そのことは保育所や幼稚園での友だち関係にも影響する。エクソシステムは、子どもが直接関わることはないが、子どもの生活に影響を与える家族や保育所、幼稚園の先生や友だちの人間関係（父親の会社の人間関係や保育所の先生の友人関係）のことである。さらに、マクロシステムは、人種や宗教、社会経済的立場や地理的位置などの、信念や価値に関するより大きな社会文化的影響のことである。最後のクロノシステムは、子どもが生活している時間的経過のことをいい、子どもの生涯を通して起こる、進学や就職、きょうだいの誕生、保護者の離婚といった環境移行や災害、社会の歴史的出来事などが含まれる。

つまり、環境からの影響は子どもに一方的に与えられるものとして作用するのではなく、中心にいる子ども自身のその時々の状況が、環境の変化を作り出すということである。子どもや家族と接する際には、保育者もそのシステムの重要な一員であるという意識と広い視野をもつことが大切であるといえる。

3節　獲得と喪失

発達には、前にできなかったことができるようになるといった増強・発展する変化と、できていたことができなくなるといった衰退・消失する変化の2種類がある。増強・発展するものとしては、たとえば身長や体重、語彙数などがある。特に乳幼児期において著しく変化し、年齢や月齢があがるごとに能力や心理面の特徴が増加する。

一方で、衰退・消失する変化としては、視力や聴力などの身体的能力、記憶力などの、年齢が上がるほどに以前よりも衰える老化に加え、より新しい能力を獲得するために必要なステップとして消失が現れることも少なくない。代表的なものに、原始反射（身体のある場所を刺激すると必ず決まった形の反応が起こること）がある（表1）。

原始反射は、生命維持の機能をもつとされるものの、そのほとんどは

表1 原始反射の例（菅野ら、2010をもとに作成）

反射の種類	引き起こす刺激	新生児の反応	消失する時期
口唇探索反射	頬（唇の端のあたり）に軽く触れる	触れられた方向に顔を向けて口を開く	生後3週間ごろ（以降は、自発的な動きになる）
自動歩行	両脇の下で身体を支え、足の裏を床に水平につける	足を交互に出して歩くような動作をする	体重の増加の程度によって異なる（比較的増加の早い場合は、生後2か月ごろに消失するが、遅い場合はそれ以降も生じることがある）
把握反射	指または手のひらを押す・触れる	触れられた指を握りしめようとする	生後3〜4か月ごろ
吸てつ反射	唇に指で触れる	触れられた指をお乳を吸うような動きをする	生後4か月ごろから弱まり、生後6か月ごろまでには消失する
緊張性頸反射	仰臥位（仰向け）の状態で頭を一方に向ける	頭が向いた方の手を伸ばし、反対側の手を曲げる（フェンシングのような動作）	生後4か月ごろ
モロー反射	頭をあげて仰臥位（仰向け）に寝かせ、急に頭の支えをはずす	両腕を広げ、頭をそらし、指を広げ、それから自分の身体を抱え込むようにする	生後4〜6か月ごろ（消失すると首すわりなどの首の動きが発達すると考えられている）
バビンスキー反射	足裏の外側をかかとからつま先までこすり上げる	足指を扇型に広げて親指を外側に反る	生後8〜12か月ごろ

生後数か月で消失し、代わりに意思や計画、物の性質にふさわしい効率的な行動が現れるようになる。たとえば、手に触れたものをなんでも握ってしまう把握反射は、生後4か月頃には消失し、徐々に大きさや形、重さなどによって握り方や掴み方を変えることができるようになる。まさに、効率的な把握行動という新しい能力の獲得へと発達したといえる。

4節　発達の原理

発達には、次に挙げるように、いくつかの原理がある。

(1) **遺伝と環境の相互作用**
　発達は、遺伝的素質などの個体的要因と経験などの環境的要因の相互作用によってなされる。

(2) **分化と統合**
　未分化な状態であった心身の機能は、年齢とともに、多様で分化した状態に変化し、やがてそれらが統合されていく。たとえば、生後1か月ごろの手はグーで握った状態であるが、徐々に個々の指を動かせるようになり、全体として無駄のない動きが可能になることで、小さな物を2本の指でつかめるようになる。

(3) **方向性**
　発達には一定の方向性がある。たとえば身体や運動は、「頭部→尾部」、「中心部→周辺部（末端部）」へと発達する。

(4) **順序性**
　発達には一定の順序性がある。たとえば運動面では、「首が座る→寝返り→おすわり→はいはい→つかまり立ち→ひとりで立つ→歩く」という順序性、言語面では、「喃語→一語文→二語文→多語文」という順序性をもっている。

(5) **連続性**
　発達は、途切れることなく連続性をもって次の段階に進む。また、前の段階の発達のつまずきは、後の段階にも影響する。

(6) **発達のリズム（異速性）**
　発達の速度は急速に進む時期や、緩慢に進む時期があり、各器官によって速度が異なる。たとえばスキャモンは、身体部位を4種類の型に分け、その速度を発育曲線で示している。それによると、神経型（脳や脊髄等）は3〜4歳までに急速に発育し、6歳には成人の90％に達す

るのに対し、生殖型（睾丸や卵巣）は10代半ば以降に急速に発育するなど、部位ごとに一定のリズムを伴って進む。

(7) 個人差

発達には一定の順序性、方向性があるが、発達する速度や達成度、発現の時期には個人差がある。たとえば、子どもの生活年齢が同じだとしても、発語の早い子もいれば、遅い子もいる、というようにである。

5節　発達課題

発達のプロセスは本来連続的なものであるが、質的変化に注目すると、ある時期が他の時期とは異なる特徴的まとまりをもっていることが分かる。そのまとまりを発達段階とよび、各段階には、人間が健全で幸福な発達を遂げるために、各発達段階で達成しておかねばならない発達課題があるとされる。この発達課題を一つ一つクリアしていくことが、将来の学校生活や社会生活において不適応に陥るリスクの予防となるのである。ここでは、2つの発達段階と発達課題を紹介する。

(1) ハヴィガースト（Havighurst, R. J.）の発達課題

発達課題という言葉の名付け親でもあるハヴィガーストは、乳幼児期、児童期、青年期、成人前期、中年期、老年期といった6つの発達段階ごとの課題を具体的に提唱した。発達課題には、①身体的成熟から生じるもの（一人歩き、体力向上、性的成熟など）、②文化の圧力から生じるもの（学力向上、社会のルールの学習、経済的自立など）、③個人の欲求や価値から生じるもの（進路・職業・伴侶選択、人生観や価値観の習得など）があり、多くの場合はそれらの組み合わせであるとしている。乳幼児期に注目すると、人間が一般に生きるために必要なものが課題となっている。

〈乳幼児期（誕生〜6歳ごろまで）〉

① 基本的生活習慣（歩行、言語、食事、排泄など）がしつけられ、

それらが自力的に行われること
② 集団行動に必要な命令、ルールに従って、仲良く、社会的な遊びができること
③ 親や兄弟など、他の人に親しみや愛情を感じるようになること
④ 性の違いと性に結びついた慎みを学ぶ
⑤ 良いことと悪いことの区別を学んで、良心を発達させ始める

(2) エリクソン（Erikson, E. H.）の心理社会的発達論

　エリクソンは、自己と心理社会的側面の関わりを重視し、自我の発達を中核に捉え、8つの発達段階（乳児期、幼児前期、幼児後期、児童期、青年期、成人初期、成人後期、成熟期・老年期）ごとに課題を設定した。各発達段階には、健全と不健全という2つの相反する傾向が引き合う危機が存在しており、健全さを増やし、不健全さを少なくすることが人間の精神的な幸福につながるとしている（図4）。就学前に注目すると、次のようなことが課題となる。

① 乳児期：誕生～1歳半まで（基本的信頼　対　不信）

　この時期の子どもはお腹がすいたとき、授乳によってお腹が満たされ、心も満たされる。この、空腹という苦痛な感覚を和らげる存在がいるということは、他者を信じるだけでなく、世話をするに値する存在としての自分といった、自分に対する信頼感ももたらすことになる。このような自分や自分を取り巻く世界への信頼感を得られるかどうかが乳児期の課題であり、その後の人生における人間関係に影響を及ぼすとされる。

② 幼児前期：1歳半～3歳まで（自律性　対　恥・疑惑）

　この時期になると、子どもは自分で歩いて移動することが可能になり、衣服の着脱など自分でしようとすること、できることが増えていく。特に排泄のコントロールができることは自律性の獲得に重要であり、「失敗するかも」という不安や疑惑をもちつつも、自分でやってみて「できた」という体験が大切だとされる。うまく排泄ができると親にほめられ、

	Ⅰ	Ⅱ	Ⅲ	Ⅳ	Ⅴ	Ⅵ	Ⅶ	Ⅷ
Ⅷ成熟期・老年期 (65歳以上)								統合 対 絶望
Ⅶ成人後期 (40歳〜65歳)							生殖性 対 停滞	
Ⅵ成人初期 (20歳〜40歳)						親密 対 孤立		
Ⅴ青年期 (12歳〜20歳)					同一性 対 同一性の混乱			
Ⅳ児童期 (6歳〜12歳)				勤勉性 対 劣等感				
Ⅲ幼児後期 (3歳〜6歳)			自発性 対 罪悪感					
Ⅱ幼児前期 (1歳半〜3歳)		自律性 対 恥・疑惑						
Ⅰ乳児期 (誕生〜1歳半)	基本的信頼 対 不信							

図4 エリクソンの心理社会的発達（エリクソン, 2001を参考に作成）

自信につながるとされる一方で、失敗すると恥ずかしい思いをすることになるが、失敗を繰り返しながらも、自律性を獲得できると、その後の人生において困難な状況に立ち向かう原動力や我慢強さといった、物事に積極的に取り組む意欲の源となるという。

③ 幼児後期：3歳〜6歳（自発性　対　罪悪感）

　前の段階で自律性が育まれると、身の回りの世界にさらなる関心を示し、自分で考え行動するといった意欲が生じる。このような意欲をもとにチャレンジしようとする自発性が、この時期の発達課題である。ただし、善悪の判断や安全か危険かの判断はまだ難しいため、周りの大人との関わりによって世の中のルールや社会性を育む必要があるが、自分の思い通りにならない経験や、ルールを守らないことによる制止や叱責といった経験は、罪悪感を引き起こすことになる。この時期に適度なしつけのもと、積極的に社会と関わる経験をつむことで、一つの目的に向

かって自発的に行動する力を獲得することができる。

　乳幼児期における子どもの健全な発達にとって、一人ひとりの子どもを尊重することはとても重要である。子どもの発達過程に関する理解を深め、個別のニーズに合わせた関わりに必要な援助方法や環境構成を考えられる保育者を目指してほしい。

参考文献・引用文献

赤尾勝己（2017）．学校、家庭、地域の連携と子どもたちの育ち——三者間の予定調和を超えて　教育科学セミナリー，48．1-16．

東　洋（1969）．知的行動とその発達　岡本夏生・古澤頼雄・高野清純・波多野誼余夫・藤永保　児童心理学講座4　認識と再考　金子書房，pp.3-24．

Baltes, P. B., Reese, H. W., & Lipsitt, L. P.(1980)．Life-span development psychology. Annual Review of Psychology, 31, 65-110.

遠藤利彦（2012）．「ヒト」と「人」：生物学的発達論と社会文化的発達論の間　氏家達夫・遠藤利彦（編）　発達科学ハンドブック第5巻：社会・文化に生きる人間　新曜社，pp.25-45．

Erikson, E.H., Erikson, J.M.(1998)．The Life Cycle Completed. WW Norton.（村瀬孝雄・近藤邦夫（訳）（2001）．ライフサイクルその完結〈増補版〉みすず書房）

浜崎隆司・田村隆宏・湯地宏樹（編）（2016）．やさしく学ぶ保育の心理学Ⅰ・Ⅱ　ナカニシヤ出版

柏崎秀子（編）（2017）．教職ベーシック：発達・学習の心理学［改訂版］　北樹出版

文部科学省（2016）．幼児期の非認知的な能力の発達をとらえる研究——感性・表現の視点から

西村輝雄（2015）．37：子どもの発達と発達課題　日本学校教育相談学会日本学校教育相談学会研修テキスト

岡本依子・菅野幸恵・塚田－城みちる（編）（2005）．エピソードで学ぶ乳幼児の発達心理学——関係のなかでそだつ子どもたち　新曜社

菅野幸恵・塚田みちる・岡本依子（編）（2010）．エピソードで学ぶ赤ちゃんの発達と子育て——いのちのリレーの心理学　新曜社

コラム3 Less is More 仮説の発達
——言葉の発達における喪失と獲得——

　ある行動学習が可能な一定期間のことを臨界期という。言葉についても、野生児研究などから、言葉に触れることなく育った場合、その習得が困難になるといった臨界期があるといわれている。これまでの言葉の修得に関する研究より、だいたい6歳ごろまでに理解と表出の両方においてさまざまな構文を一般化されたものとして身につけ、それに基づいて発話を生産的に行うことができるとされている。なぜ私たちは言葉を習得することができるのだろうか。

　その背後のメカニズムの一つに、Less is More 仮説（制限有利仮説）がある。この時期は、一般的な認知発達がまだ十分とはいえず、成人と比べると知覚や記憶には制限があるが、むしろそれが幸いして、言語を学習しやすくなるというものだ。つまり、子どもは、記憶力が限定的なため、複数の認知処理ができず、言語処理だけにその容量を集中せざるを得ないため、母語の習得を成功させることができるという。また、10歳ごろまでは意味記憶による機械的記憶が得意だが、母語の言語獲得が終わるころは「聞く」「話す」能力が安定し、「読み」「書き」の学習段階に移行する時期と重なることで、機械的記憶力の喪失あるいは退化を伴うと言われる。このように、言葉の習得には未成熟な認知発達が必要であり、次の能力を獲得するための喪失が隠れているのである。

　また、大人になるにつれて認知的な能力は向上し、より複雑な処理が可能になる一方で、その能力を言語だけに限定できなくなってしまうため、母語以外の外国語を習得しようとする場合は、若いほど上達するともいわれている。近年、早期教育が注目され、乳幼児期の習い事で英語はトップを争うほどの人気である。上述したように、子どもだからこそ吸収できる利点はあるものの、言葉の習得には周囲の大人との相互交流に基づいた、量と質ともに豊かな言語入力が必要であることも忘れてはならない。子どもの関心や興味に基づく「遊び」の大切さを理解したうえで、早期教育を上手に取り入れることが大切であろう。

第4章 環境をとらえる

1節 主体的な探索者である子ども

　子どもは身近な環境を探索することで発達していく。好奇心や探索心を向ける対象が年齢とともに変化していくことも事実である。子どもが楽しいと感じたり感動したりするのはどういう時で、それが起きる心の仕組みはどうなっているのだろうか。あたり前のように見過ごしてしまう大人とは異なる子どもの心のあり方を科学的に説明してみる。

1．乳児の顔知覚

　そもそも、"infant"は能力の無いという意味であったが、近年の乳児研究からすると、実際の乳児は高い潜在的能力を持っていることがわかってきた。生まれながらに能力の有る存在という見方が優勢といえよう。充分な機材の無かった時代に最初に先駆者となったのはファンツ（Fantz, 1961）であり、選好注視法（Preference Looking method）を用いた顔刺激に対する研究を導入した。図1に示す装置を用いて、2つの刺激のうちどちらを長く見ているか調べようとした。乳児は仰向けに寝かされているが上側には刺激が呈示されると同時に観察ができるようにしつらえてある。この方法では、もしも測定された2つの刺激に対する凝視時間に差が無ければ、両者のあいだの違いを認識していないことになるが、片方の刺激をより長く見つめれば、凝視時間が伸びることになる。

　乳児にとって新しい新奇なものの場合は注意を向けるが、既に知っているものにはあまり注意を向けない。この実験を通して、特に顔に対しては早期から多くの注意を向けることがわかった（図2）。自分の周囲の環境にあるものを取り入れる場合、既知の対象は了解済みだが、新奇

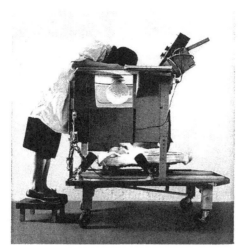

＊ 2つの図形が乳児の上30cmのところに呈示され、上部にあるのぞき穴からどちらの図形を凝視しているか調べているところ。

図1（Fantz,1961）

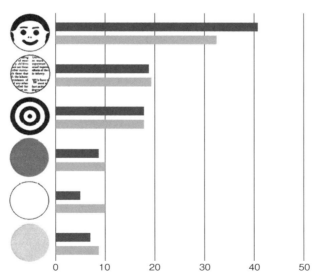

＊ 棒グラフのうち黒色は2〜3か月児、灰色は3か月児以上を示す。上から顔、英字新聞、同心円、色のついた円は上から赤、白、黄色が用いられた。凝視時間が顔への時間が最も長く好まれていることがわかる。

図2（Fantz, 1961）

なものがもたらす情報を認識し、自分が持つ枠組みに取り込んでいく必要がある。年齢とともに、より複雑なパターンに注意を向けることが知られている。つまり、興味の惹かれる対象に対してはより長い時間をかけて見ようとするが、それはまだその子どもにとっては充分な情報を持たないために、情報を吸収しようとしている行為であると考えてよさそうである。

2．奥行き知覚は社会的参照と関連する

奥行距離の知覚を最初に実験したのはギブソンとウォーク（Gibson & Walk, 1960）である。透明ガラスで覆われた視覚的絶壁（視覚的断崖）を作り、深い側からと浅い側から母親が呼び寄せるという実験を試みている（図3）。6～14か月児36人を対象に行った結果、深くなっている側から呼ばれると、多くの子どもが反対方向に戻ってしまったり泣いたりしたことから、ハイハイが出来るようになる頃には深さを認識できるようになっていることを明らかにした。

その後に、キャンポス達（Campos, et al., 1978）が心拍数という不安を示す指標を用いて視覚的絶壁の研究を行ったところ、移動経験が多い

＊　視覚的絶壁（visual cliff）は、1メートルほどの高さの段差が設けられているが、透明のガラスで塞がれている。手でさわって確かめても反対側にいる母親の方にいこうとはしない。こうした奥行き知覚は生後6か月ごろには成立している。

図3（Gibson & Walk, 1960）

子どもは多くない子どもに比べて断崖で不安を示すことがわかった。経験が奥行知覚の成立と関連していると考えられている。この視覚的絶壁の最近の研究は社会的参照（social reference）と関連することが指摘されている。例えば、視覚的絶壁の深い側から母親が恐怖や心配した表情で呼びかけた場合は渡ろうとしないが、乳児に対して楽しく興味深い表情をすると渡ってしまうという結果が示された（Sorce, Emde, Campos, et al., 1985）。どうやら、乳児は断崖に対する奥行き知覚と同時に、母親の表情を参照して行動を決定しているのではないかと考えられるようになってきた。

2節　環境としての他者

1．知覚行為から他者理解へ

メルツォフとムーア（Meltzoff & Moore, 1977）は、生まれたばかり

*　2〜3週齢の乳児を対象にした記録で、aは舌出し、bは口を開ける、cは唇の突出しに対する模倣の写真である。この実験では手の開閉のジェスチャーも行っていて、それも模倣されている。

図4　（Meltzoff & Moore, 1977）

の乳児が自分の口がどこにあるかを知っているかどうかを調べている。彼らが舌を出す仕草や口を付き出す仕草をすると、2、3週齢の乳児であっても模倣する頻度がかなり高いことを報告している（図4）。彼らは、生得的に備えられた本能メカニズムが他者の行為によりリリースされると解釈している。乳児が身体の部位を知っているという以上に、模倣を通じて他者と自己との社会的関係を構築している様子がうかがえる。

　メルツォフは近年その研究を発展させ、他者を理解するための枠組みを位置づけている（Meltzoff, 2007）。彼の like-me システムと呼ばれる枠組みによると、①最初に同調行動のような単純な本能的な結び付けがあり、②次に毎日の生活を通じて自らの行為と自らの心の状態を結び付け、③他者の心の理解のために、他者の行為を「自分のように（like me）行為している」と自らの経験に結びつける、という3段階からなる。行為に比重が置かれてはいるが、他者理解が初期の新生児模倣からいかに発生してくるかを示した点で興味深い理論といえる。

2．養育行動と幼児図式

　養育者側も乳児へかかわる際に、乳児の顔にある幼児図式（baby schema）に左右されるという研究がある。インプリンティングで有名な比較行動学者ローレンツが様々な生物の幼体の顔や身体を検討したところ、親が養育行動をするのは生物に共通した子どもらしさに原因があるとした。乳幼児がかわいいのは何故なのか、という問題である。

　その特徴として、①身体に比して大きな頭、②前に張り出た額をともなう高い上頭部、③顔の中央よりやや下に位置する大きな眼、④短くて太い四肢、⑤全体に丸みのある体型、⑥やわらかい体表面、⑦丸みをもつ豊頬があげられている（図5）。

　こうした子どもらしさは、視覚情報に限定されているが、最近のグロッカーらの研究（Glocker et al., 2009）では子どもの顔の写真とその写真の縦横比率や眼や鼻、口のサイズを修正し大人の比率に近づけた写真も用意して、大学生に対してどの刺激がかわいらしくて、養育行動を引き出せるか検討している（図6）。

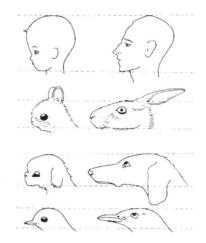

＊　ローレンツ, K. の幼児図式（baby schema）は幼児や幼体に共通した特徴を示し、かわいらしさとは何かを提示した。

図5（Lorenz, 1943）

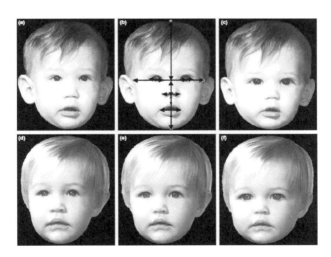

＊　乳児の顔や眼の縦横比などを修正した刺激サンプル。中央が元の写真だが左は大人の比率に近づけ、右はより幼児図式を強調した刺激を用意し調べている。ローレンツの幼児図式の証明となった。

図6（Glocker 他, 2009）

その結果幼児図式（ベビースキーマ）の度合いが高くなるに従い、かわいいと評定した値が高くなり、養育行動に出ようとする値も上昇することが示された。いわば、ローレンツの示した子どもらしさが養育行動を引き出すということが実証されたことになるが、あくまで視覚刺激に限定された実験であることを忘れてはならない。

3．エントレイメント

　新生児の頃から子どもは親の動きにあわせようとしている。コンドンとオグステン（Condon & Ogston, 1966）は新生児が大人の話にあわせてリズミカルに身体を動かし表情をかえる様子を観察し、エントレイメント（entrainment）と名づけた。こうした新生児模倣はコミュニケーションのはじまりとされ、生得的な行動と考えられている。

　コンドンとサンダー（Condon & Sander, 1974）は更に、生後12時間の新生児から2日目、14日目の乳児で調べたところ、大人の話し声との身体各部の動きが同期することを発見した。1秒間24フレームから成るビデオテープを基にし、話し声の構成音素に応じて身体各部の変化を分析している（図7）。米国人の子どもを対象にしているが、聞かせた音は英語だけでなく、単一の母音、タッピング音、中国語が含まれていた。興味深いことに、中国語に対しても英語と同じように同期が示されたが、その他の母音やタッピング音には同期はみられなかった。人の声に対しては敏感に反応することが示されたが、人の声のどの側面であるのかは明らかにされてはいない。

　こうした同調行動は母子相互作用の一部を果たしているとされ、言語獲得の基盤となる以上に、人との関係性を形成する上で重要な側面を担っていると言える。

3節　環境との相互作用で育む運動発達

1．運動の統合

　古典的な運動発達の研究を行ったひとりに小児科医のゲゼル達

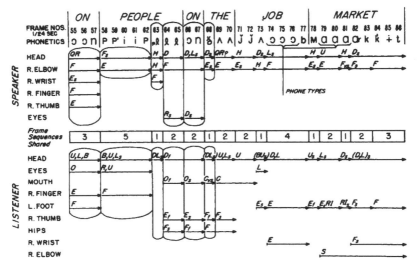

* "On people on the job market" というフレーズに対する乳児の反応が同期したことを示している。映像記録から 55 から 86 フレームに分解された行動を対象とし符号化している。図では、音記号の下に話者の頭、ひじ、手首、指、親指、目の動き、続いてフレーム数の下に乳児の頭、目、口、指、脚、親指、腰部、手首、ひじの記録が配置されている。

記号の意味　OR：右に傾く　F：前方／収縮　H：動かぬまま保持　D：降ろす　L：左
E：伸展　P：回内　C：閉じる　RI：内回転　RO：外回転　AD：内転　U：上げる　S：
回外　B：後退　O：開く。
　　下付きの文字（スピードや状態を表す）　s：ほんの少し　f：速い　vs：とても速い。
　　人の声に対して乳児は身体各部をあわせてダンスを踊るような素振りを示した。

図7（Condon & Sander, 1974b）

（Gesell & Thompson, 1929）がいる。彼は学習にはレディネスが必要であることを提示し成熟優位説を主張した。しかし近年、運動発達に対する知見が大きく変貌を遂げてきている。

　反射行動のレパートリーの出現と消失が脳の成熟と関係することはよく知られているが、そもそも新生児はそうした反射行動で運動するものと解釈されてきた。そして、機能分化が進むにつれて様々な姿勢や行動、行為が意図的に行えるようになってくるものとされてきた。しかし、オランダのプレヒテルにより自発的に動いていることを見出され、新生児期における発達心理学の協調運動に関する知見も含め自発的な運動が行

第 4 章　環境をとらえる

われていると考えられるようになってきた（小西・高谷，1997）。

　特にその中で新生児に見られる全身運動をジェネラルムーブメントあるいはGM運動といい、その後の発達過程で生じる様々な運動パターンが含まれ、時間とともに特定の運動へと分化していくに従い全身的なGM自体が消失するのではないかという仮説が立てられている（多賀，2002）。つまり、環境に適用する上ですでに多様な動きを既に持ち合わせており、環境へ適応し各々の運動が定まっていく中で徐々に消えていくという姿が考えられている。

　その変化過程には、生得的なメカニズムが働いていると考えられている。例をあげると歩行や咀嚼のような反復して行われる運動の中に、リズミカルな周期性が存在しており、特殊な神経回路網（Central Pattern Generator：CPG）がリズム性を伝え、それに基づいた流暢な初期の反復運動が新生児や乳児にみられる、と考えられている。流暢であれば中枢の制御が効いており、そうでない単調な場合はなにがしかの問題と結びつくと考えられている。

2．ダイナミカルシステム理論

　先に触れた協調運動に関する発達心理学的知見のひとつにはテーレンらの研究がある（Thelen & Smith, 1994）。新生児歩行反射など歩行の運動パターンが既に消えるべき時期であるにもかかわらず、水中という異なる環境下で再び観察できた。このことから、体重等の負荷も原因と考えられたが、彼女達は身体を制御するメカニズムに目を向けた。

　テーレン達はダイナミカルシステム理論において（Thelen & Smith, 1998）、全身運動のようにそれまで自由に身体を動かしていた状態から、しだいに身体の各関節や筋肉の働きが、いわば凍結（freezing）した状態へと落ち込むが、発達とともに再び解放されるように（freeing）、身体の制御が可能となり運動におけるU字型現象として現れるとした。これはベルンシュタイン（Bernstein, 1967）の自由度問題を取り入れた考え方であった。

　ベルンシュタイン問題とその解決とは、そもそも制御という点からす

ると、身体を動かそうとする様々な器官をそれぞれ調整しなければならないと考えられていた。繊細な動きへと発達していく上で、調整しなければならない変数が爆発的に増大してしまうと運動の制御自体が困難になってしまうという問題に直面していた。しかし、身体各部が連携し協調して働けば自由度を増大せずとも運動が可能であるというシナジー（synergy）の考え方を導入することでうまく説明づけることが出来たのである。

　つまり発達過程で一旦、身体の各部分の動きを抑制し、開放する途上、連携を果たしていくというダイナミズムからなる。微視発生的な視点から、たとえ子どもにより異なる身体の動きをしていても同じ時期に到達することを見出している。例えば、毎週4人の子どものリーチングの観察を行った研究にみられるように、リーチングの軌道や速度等が各個人で異なるにもかかわらず、ほぼ同じ時期にリーチングという動作が完成することを見出し、身体の動きの違いがあってもほぼ同じ発達の時期を迎えることを示して見せた。

　テーレン達の仕事は、ある意味で点と点を結んでいた発達の姿を時間的に連続した姿として捉えなおしたものといえる。つまり運動発達で子どもが示す多様性が、ある一定の発達時期になると、特定の発達レベルへと収束あるいは到達していくという姿をダイナミックに捉えている。言い換えると、複雑なシステムとして発達をとらえ、変化のプロセスで生じる暫定的な安定と再び新たなレベルへと進むために生じる不安定さを、非線形科学の概念であるカオスやアトラクター等で説明を試みようとしている。発達をとらえる点で、それぞれの子どもの早い遅いといった個人差と定型発達との両方をあわせて説明している点に注目される。

　近年の発達心理学においては、運動と知覚との急接近によりこの領域が刷新されつづけている。関心を持った学生諸氏は、知覚や社会性、運動の領域が相互に関連しあうことを明示する関連諸科学の知見を借りて子どもの理解が進んでいることを忘れずに探求を試みてもらいたい。

参考文献・引用文献

Bernstein, N.(1967). *The co-ordination and regulation of movements*. NY: Pergamon Press.

Campos J.J., Hiatt S., Ramsay D., Henderson C., & Svejda M.(1978). The emergence of fear of heights. In Lewis M., Rosenblum L., (Eds.), *The development of affect*. NY: Plenum Press, pp.149-182.

Condon, W. S., & Ogston,W.D.(1966). Sound film analysis of normal and pathological behavior patterns. *The Journal of nervous and mental disease, 143*, 338-347.

Condon, W. S., & Sander, L.W.(1974). Neonate movement is synchronized with adult speech: Interactional participation and language acquisition. *Science, 183*, 99-101.

Condon, W. S., & Sander, L. W. (1974). Synchrony demonstrated between movements of the neonate and adult speech. *Child development, 45*, 456-462.

Fantz, R. L. (1961). The origin of form perception. *Scientific American, 204*, 66-72

Gesell, A., & Thompson, H. (1929). Learning and growth in identical infant twins. *Genetic Psychology Monographs. 6*, 3-32.

Gibson, E. J., & Walk, R. D. (1960). The "visual cliff." *Scientific American, 202*, 67-71.

Glocker, M. L., Langleben, D.D., Ruparel, K., Loughead, J.W., Gur, R.C.,& Sachser, N. (2009). Baby schema in infant faces induces cuteness perception and motivation for caretaking in adults. *Ethology 115,* 257-263.

小西行郎・高谷理恵子（1997）. 未熟児・新生児の自発運動　物性研究, *68*, 530-533

Lorenz, K. (1943). Die angeborenen Formen möglicher Erfahrung. *Zeitschrift für Tierpsychologie, 5,* 233-519

Meltzoff, A. N., & Moore, M. K. (1977). Imitation of facial and manual gestures by human neonates. *Science, 198*, 75-78.

Meltzoff, A. N. (2007). 'Like me': a foundation for social cognition. Developmental science, 10, 126-134.

ピアジェ, J.（1947）. *La Psychologie de l'intelligence.* Paris: Colin, A.（波多野完治・滝沢武久（訳）（1967）. Piaget 知能の心理学　みすず書房）

ピアジェ, J.（1970）. Piaget's theory. In P.H.Mussen(Ed.). *Carmichael's manual of child psychology* (3rd ed.): Vol.1 New York: John Wiley & Sons.（中垣啓（訳）

（2007）．ピアジェに学ぶ認知発達の科学　北大路書房）
Sorce, J.F., Emde, R.N., Campos, J.J., & Klinnert, M.D.(1985). Maternal emotional signaling: Its effect on the visual cliff behavior of 1-year-olds. *Developmental psychology, 21*, 195-200.
多賀厳太郎（2002）．脳と身体の動的デザイン――運動・知覚の非線形力学と発達（身体とシステム）金子書房
Thelen, E. & Smith, L.B.(1994). *A dynamic systems approach to the development of cognition and action.* NY: MIT Press..
Thelen, E. & Smith, L.B.(1998). Dynamic systems theories. In Damon, W. & Lerner, R.M.(Eds.), *Handbook of child psychology : Theoretical models of human development*(pp.563-634). Hoboken, NJ:John Wiley

コラム4　かかわりのなかで伸びる子どもの力

　見る力がついてきた後は、乳幼児期では身の回りにあるものへと手を伸ばす。リーチングはものの性質を知るために行われるのだが、伸ばした手でものを掴み把握しようとする。与えられたものは全てどのようなかたち、色をしていて、どのような手触りであるか情報を収集しようとする。玩具や生活の用具が全て彼らにとって大事な情報収集源となる。そうした中で、環境に痕跡や影響を与えることが面白いと感じ、何度もものを落としてみたり落書きを始めてみたりする。

　ピアジェは意図をもって繰り返される行動を第2次循環反応と呼んだが、いたずらを繰り返すように見える行為も、意図的に環境を知ろうとする試みといえる。そうした中で、描画行為や書字行為は重要な役割を果たしていると言われる。

　イメージを頭の中で描くことが出来るようになるのは、おおよそ12か月から18か月あたりとされる。それまで直接的な知覚行為を中心に活動してきた子どもの頭の中に直接的な知覚対象が無くてもそれらを思い出すことが出来るようになる。母親が見えなくなっても向こうの部屋で支度しているとわかり、視覚的な確認をしなくても安心していられるようになる。見たものを把握できる生後4か月から18か月までのあいだに4段階を経て、視界から消えた対象が存在し続けていると認識できる対象の永続性の獲得がなされたわけである。

　実際には、対象の永続性は物がある地点Aで見えなくなった際に探すという行為から始まるとされ、興味深いことに別の地点Bで消えた場合でも、かつて探した地点Aを探そうとするというA-not-Bエラーという現象のあることを指摘している（Piaget, 1970/2007）。こうした表象が発生する重要な発達の時期を境に、ピアジェは生後からの感覚運動期とその後就学するまで続く前操作期とに分けている。画用紙に想像で絵を描くことが出来るのは、表象を持ち合わせているから可能なことで、まだ充分な表象が出来上がっていないと、画用紙に描かれる痕跡の変化ばかりが楽しくて、なんらそこには頭の中が反映されてはいない。

　前操作期という幼児期全般にわたっては、頭の中にあることを表すという行為は洗練されてくる。環境へ道具を通じて有効に関わろうとするので、例えば筆やクレパスなど手操作における巧緻性が急激に発達してくる時期でもある。また身体を介して自分の知っているアニメの主人公の模倣も盛んに現れるのはこの時期からである。身体や道具、また文字を含めた記号を通じて世界を認識していこうとする働きを象徴機能というが、幼児期はまさに象徴機能の発達が表象と身体の成熟との兼ね合いの中で変化を遂げていくものとして捉えられる。

トピックス2 子どもの理解と援助
──子どもの心性　アニミズム──

　5月の園庭で、4歳児クラスの子どもたちと筆者が、木々の木漏れ日を「きらきらして綺麗だねー」と見ていた。そのときに、ひとりの子が振り返って「木さんも笑っているのかもね、にっこにっこって。」と思いついたように話してくれた。このような話を聞く経験は、子どもと接したことのある人ならば誰でも持っているのではないだろうか。

　子どもは、「無生物や植物などに人間と同じ心や意志があると信じている心の働き（ピアジェ，1955）」を持っている。すなわち、生物であっても無生物であっても、人間のように感情を持ち、笑ったり、話したりすると擬人化する心性のことをいう。

　子ども向けの絵本やアニメなどにおいても、擬人化された動物やキャラクターが登場することが多い。これは、この子ども独自の心性であるアニミズムを念頭に置いて作成されているからである。

　保育の現場で、このような子どもの心性を目にしたときには、それを否定するのではなく、むしろ活用していくことが望ましい。

　劇や絵本に登場する動物に心を寄せる感情体験や、登場人物の立場になってみる他者視点の取得にアニミズムは大きく活用できる。その一方で、園内で動植物飼育経験を通して、生物の理解を促すことも大切である。

　アニミズムの心性は、子どもの生物に関する知識の増加とともに少しずつ変化していく。6歳を過ぎると、「動いている物は生きている」、「動いていないものは生きていない」という基準が生じ、やがて8、9歳になると「自ら動いているもの」のみを生きているという基準をもつようになる。そして、11歳を過ぎると、動植物など生物だけが生きていると考えるようになっていく（ピアジェ，1970）。このようなアニミズムの発達過程に沿って考えれば、年長児であっても、動いていない動物や赤ちゃんを生きていないと思ってしまうこともあるため「動いていないように見えるけれど、息をしているでしょう。眠っているのですよ。」と伝えることが大切である。

※引用・参考文献
芳賀純（1995）.「アニミズム」岡本夏木他（編）　発達心理学辞典　ミネルヴァ書房, 25-26.
ピアジェ、J. 著，（Piaget, J.（1970）. Piaget's theory. P.H.Mussen(Ed.). Carmichael's manual of child psychology (3rd ed.)：vol.1, New York: John Wiley & Sons.) 中垣啓（訳）（2007）.「ピアジェに学ぶ認知発達の科学」北大路書房

第 5 章　生きる力を育む保育

1節　生きる力とは

　生きる力とは、人がどのような環境や状況に置かれても、自らの人生を力強くもしなやかに、自分らしく生きていくために生涯にわたって必要となる力である。生きる力の基礎は乳幼児期に育まれるといわれており、保育所保育指針や幼稚園教育要領、幼保連携型認定こども園教育・保育要領に記載されている。「生きる力」の定義は、学習指導要領において「変化が激しく、新しい未知の課題に試行錯誤しながらも対応することが求められる複雑で難しい次代を担う子どもたちにとって、将来の職業や生活を見通して、社会において自立的に生きるために必要とされる力」と示されている。本章では保育所保育指針のなかで「生きる力」がどのように明記されているのか見ていくこととする。

　保育所保育指針第 1 章総則（平成 29 年 3 月告示）において、保育所は、子どもが生涯にわたる人間形成にとって極めて重要な時期に、その生活時間の大半を過ごす場であるため、子どもが現在を最も良く生き、望ましい未来をつくり出す力の基礎を培うための保育の目標が記載されている。この目標を踏まえて、保育所においては、生涯にわたる生きる力の基礎を培うため、以下に掲げる資質・能力を一体的に育むよう努めるものとしている。

（ア）豊かな体験を通じて、感じたり、気付いたり、分かったり、できるようになったりする「知識及び技能の基礎」
（イ）気付いたことや、できるようになったことなどを使い、考えたり、試したり、工夫したり、表現したりする「思考力、判断力、表現力等の基礎」

> （ウ）心情、意欲、態度が育つ中で、よりよい生活を営もうとする「学びに向かう力、人間性等」

　以上の資質・能力は、保育所保育指針第2章に示すねらい及び内容に基づく保育活動全体によって育むものである。つまり、個別に取り出して指導するものではなく、環境と遊びを通しての総合的な指導を行う中で一体的に育まれる。これらの資質・能力の具体例は子どもが小学校就学時の具体的な姿「幼児期の終わりまでに育ってほしい姿」として、保育士等が指導を行う際に考慮するものとされている。具体的には、ア健康な心と体、イ自立心、ウ協同性、エ道徳性・規範意識の芽生え、オ社会生活との関わり、カ思考力の芽生え、キ自然との関わり・生命尊重、ク数量・図形、文字等への関心・感覚、ケ言葉による伝え合い、コ豊かな感性と表現の10項目である。

　乳幼児期は、生涯にわたる生きる力の基礎が培われる時期であり、身体感覚を伴う多様な経験が積み重なることにより、豊かな感性とともに好奇心、探究心や思考力が養われる。それらの力は、その後の生活や学びの基礎にもなる。加えて、心身の発育や発達が著しく、人格の基礎が形成される時期であるため、個人差が大きい子どもたち一人一人の健やかな育ちを保障し、心身共に安定した状態でいることのできる環境と、愛情豊かな大人の関わりが求められる。

2節　生きる力の土台となるもの

　子どもが生涯にわたって主体的に生きていくために必要な力を培うためには、子どもと養育者や保育者との間で形成される信頼関係が重要である。本節ではそのような信頼関係を構築するうえで土台となるものをみていくこととする。

1．信頼関係形成の土台となるもの——愛着理論と生きる力

(1) 愛着の形成と発達

　愛着（アタッチメント：attachment）とは、「子どもが特定の対象に対して抱く情緒的な結びつき」、「特定の人と人との間に形成される、時間や空間を超えて持続する心理的な結びつき」のことをいう。イギリスの児童精神医学者のボウルビィ（Bowlby, J. 1969）は、乳幼児期に形成される愛着の発達過程を明らかにし、母子関係が子どもの人格形成や、その後の対人関係のあり方に多大な影響を与えることを明らかにした。また愛着を向けられる人物を「愛着対象」や「安全基地（secure base）」といい、子どもが特定の対象に接近していく行動を「愛着行動」という。

　須永（2011）によれば安全基地とは、子どもが外界の探索行動を行うときの拠り所であり、不安や恐れを感じる状況に遭遇したときに、戻ることができる人物をさす。外界に好奇心を抱いたときに、母親など養育者に安定した愛着を形成している子どもは、その人物に対する基本的信頼を支えに外界を探索し、はじめて出会うものや人、状況に対する恐れや不安を克服し、世界を拡大することができる。こうした特定の大人との安定した愛着を土台に子どもは愛着の対象を広げていき、他の大人や子ども同士のかかわりをもつようになる。特定の二者関係ではじまった子どもの人間関係は少しずつ広がっていき、対人世界が豊かに展開されるようになる。

　また愛着行動とは、泣き叫ぶ、微笑する、探し求める、しがみつくなどの生まれつき乳児に備わっている行動のことであり「発信行動」「接近行動」「定位行動」の3つに分類される。ボウルビィによれば、この愛着行動は、乳児が自らの命を守るために生物学的に組み込まれているものであり、その要求の意味を敏感に汲み取ってタイミングよく応えてくれる対象に対して乳児は愛着を抱き、信頼感を形成するようになる。乳児は、愛着行動によって大人の養育行動を引き出し、愛着を向けられた大人もまた、乳児のサインに応えたいと行動するようになる。大人にも、乳児に接近し保護しようとする傾向が生得的に備わっているとされ

る。こうして乳児と養育者の相互作用の積み重ねが愛着関係を発達させていく。

　養育者の子どもに対する愛情とあたたかさ、やさしさに満ち溢れた養育行動をマザリングという。ボウルビィは、養育者との親密で情緒的な人間関係を得ることができなかった子どもの状態を「母性的養育の剥奪（マターナル・デプリベーション：maternal deprivation）」とした。

　この研究から、特定の人に愛着を抱くことが子どもの安定した情緒の発達を促進させ、その喪失は心身の発達や人格形成、精神的健康や対人関係に永続的な影響を及ぼすと考えた。また、養育者との間で愛着が何らかの理由で不安定に形成され、情緒や対人関係に問題が生じる状態のことを愛着障害という。愛着障害を示す子どもは、過度に他者を恐れたり、見知らぬ人や誰にでもべったりと近寄るなど対人関係における距離をうまく取れない傾向がみられる。

(2) **愛着を育むスキンシップの重要性**

　乳児にとって愛着が形成されるために必要なのは、生理的欲求を満たしてくれることだけが重要なのではなく、あたたかで情緒的な大人との繋がりであることが明らかになった。その事実が明らかとなったのがハーロウ（Harlow, H.F., 1958）のアカゲザルの実験である。

　この実験では、針金で作られた授乳装置のついた母親と布で作られた母親の2種類の人工の代理母に対する子ザルの行動の観察がされた。アカゲザルの赤ちゃんは、空腹時は針金製の母親から授乳されるものの、一日の多くの時間を布製の母親と過ごした（図1）。また、恐怖を感じるような場面に遭遇すると布製の母親にしがみつく様子が見られた。この実験によって、愛着形成には空腹を満たすというような生理的な欲求の満足より、やわらかな感触やぬくもりを感じさせてくれるスキンシップの方が重要であることが証明された。

　その結果、それまでの養育者と子を結びつける要因が「生命維持のための依存」であるという考えから、乳児にとって重要なのは「養育者のあたたかな養育行動（マザリング：mothering）、スキンシップによる

図1 ハーロウの実験（左が針金製の母、右側の布製の母に触れて過ごす子ザル）

安心感を得ること」であると考えられるようになった。

(3) エインズワースの愛着実験と愛着の型

　ボウルビィの愛着理論を発展させ、ストレンジ・シチュエーション法という実験を開発して、乳児と母親の間に形成されている愛着のタイプを分類したのがエインズワース（Ainsworth, M.D.S.）である。ストレンジ・シチュエーション法では、乳児にとって初めての場所で、知らない人と二人きりになる場面が設定され、乳児が母親との分離時と再会時に、どのような様子を示すのかを観察するものである（図2）。

　子どもの愛着はA～Cの3つのパターンに分類され、行動に一貫性がない「D型」も報告されている（Main & Solomon, 1990）。このように愛着の個人差がみられ、型が生じることについてエインズワースら（1991）は、子ども自身の気質と養育者の子どもへの応答の仕方が影響するとした。以下にA～D型について説明する。

　A型（回避型）の子どもの母親（保護者・養育者）：子どもの要求やサインに無関心であったり、子どもが甘えようとするときに拒否的な態

度をとる場合があるとした。よって、子どもも素直に母親（保護者・養育者）に近づきにくいと考えられた。

　B型（安定型）の子どもの母親（保護者・養育者）：子どもの要求やサインに対して、適切にタイミングよく応答する。そのため子どもは、「母親（保護者・養育者）から自分はまもられている」という安心感や信頼感をもつことができ、素直に母親（保護者・養育者）を求めることができると考えられた。

　C型（アンビバレント型）の子どもの母親（保護者・養育者）：母親（保護者・養育者）自身の気分や感情によって、子どもの要求やサインに応えるとした。そのため子どもは、つねに不安にさらされ母親（保護者・養育者）との密接な接触を求めると同時に、分離不安が高いとされた。

　D型（無秩序・無方向型）の子どもの母親（保護者・養育者）：抑うつ傾向の高い母親（保護者・養育者）の子どもや、親から虐待されている子どもに見られる場合があるとされた。

　エインズワース（1962）は、乳児が十分な養育を受けられない、家庭内であっても十分な養育を与えられない、子ども自身に何らかの理由で相互作用の能力が欠けている場合などは愛着が育ちにくいとも述べている。

(4) 内的ワーキングモデルの形成

　乳児期には、養育者の姿が視野に入ることや直接触れることができるということが安心感につながっている。自分が戻りたいときに戻れる場所、受け入れてくれる人、困ったときには助けてくれる人が「安全基地」である。しかし幼児期の成長につれて、自分の行動範囲も広がると子どもは自分の目の前に養育者がいなくとも養育者のイメージを想起することによって安心感を得ることができるようになる。

　このように、愛着の対象が目の前に存在しなくとも、子どもが自分の心のなかに形成される愛着対象についてのイメージを「内的ワーキン

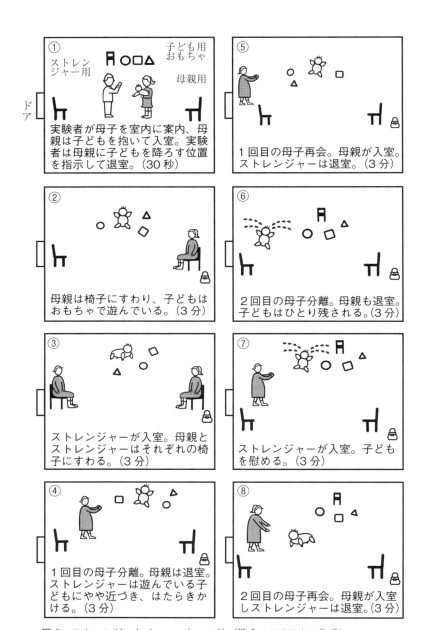

図2 ストレンジ・シチュエーション法（繁多，1987より作成）

グ・モデル（Inner Working Model：IWM）」という。この内的ワーキング・モデルはそれまでの愛着対象とのかかわりの積み重ねによって形成される。須永（2011）によれば、内的ワーキング・モデルは、愛着対象が自分に応答的であったかどうか、自分が受容されていたかどうかによって形成される。

　加えてこの内的ワーキング・モデルは愛着対象以外の人かかわるときにも作用し、他者との関係性にも影響を及ぼす。すなわち乳幼児期に育まれる生きる力の土台となる愛着や基本的信頼感は、子どものその後の人間関係の形成力や発達の全体に影響を及ぼすといえる。例えば、須永（2011）が述べるように、養育者とのかかわりの積み重ねを通して「養育者はいつも自分を認めてくれる、困ったときには助けてくれる」という内的ワーキング・モデルを形成した子どもは、養育者以外の人に対しても信頼感をもって接することができる。さらに、積極的な探索活動を十分に行うことで「自分はがんばれば何でもできる」という自己肯定感をもつことができ、自分の力を信じて新しい課題や困難な状況にも立ち向かうことができる。

(5) **人間関係としての愛着関係**
　乳児はさまざまな他者に囲まれて育てられている。愛着の対象は母親（養育者）とは限らず、はじめから決定されているわけでもない。愛着は、乳児にとってさまざまな対象との間で形成される。愛着の対象、子どもから信頼される対象とは、子どものサインや訴えの意味を敏感に感じ取って応えてくれる人すべてである。この多様な人間関係の重なりが拡大され、豊かに展開されていくことを通して、子どもは家族全体、社会全体によって守られ育てられている。

　ここで重要なのは、愛着関係は人間関係のひとつであるという点である。乳幼児における対人関係は、愛着関係を含めて乳児の身近に形成される人間関係であり、心の基盤になる。子どもは人間関係のネットワークを通して乳幼児期から多様な支えを与えられ、さまざまな他者と相互的な関わり合いは、乳児の発達を促進させるだけではなく、人間の一生

涯をかけて展開される発達を充実させるものにもなる。

２．基本的信頼感の獲得

「基本的信頼」という言葉を提唱したのは、エリクソン（Erikson, E. H.）である。エリクソンは、人生を８つの発達段階からなるとし、それぞれの発達段階において克服したい発達課題を示した。その中で乳児期に獲得したい発達課題は「基本的信頼」とした。この課題を乗り越えることは、その後の発達や成長の基盤となる。それは将来の「自我同一性」の形成にとっても重要となる。

ここで述べる「基本的信頼」とは、乳児が養育者によって欲求が満たされ、どのようなときにも変わらず愛情をそそがれる体験を積むことによって「自分は安心して生きていてよい」「人を信頼したらいいんだ」「世界は信じてよいものだ」という信頼感を育むことを意味する。乳児は、空腹感を満たされたりおむつ交換をされ気持ち悪さから解放されたりするなど全面的に世話を受ける体験の積み重ねを通して、養育者に対して安心して身を任せ信頼できるようになる。

乳児は、自らの身を守るための要求や苦痛を養育者に対して泣いたりぐずったりするサインを送り訴える。その訴えに対して適切に応えてくれる相手に対して基本的信頼を抱く。もしもそのような要求が満たされなかったときなど乳児は苦痛や不安に悩まされ不快な体験をすることもあり「不信」を抱くことになる。しかし、この不信も危険に対する心構えや不安への予測の力を身につけるうえである程度は必要な体験である。このように十分に安心して信頼できる体験をした乳児は、多少の不安や苦しみに耐えられるようになる。このように基本的信頼感の獲得は「生きる力」の生成を支えると同時に、人間関係を豊かに展開させていく土台となる。

以上のように、子どもが保育者に対して自分はどのような状況にあっても必ず受け容れてもらえる、困ったときには助けてもらえるという安心感を心の中に形成することが大切である。この安心感や安定感が信頼感を形成することになり、この信頼感を土台に子どもは自信をもって新

しい世界（環境）へと力強く歩み出すことが可能になる。このような自分の力で世界に歩み出す力も「生きる力」といえよう。

3節　環境としての保育者——子どもの発達を育む養育環境

1．子どもの発達を促す環境の相互作用——環境としての養育態度

　子どもの発達を支える環境は多様である。ブロンフェンブレンナー（Bronfenbrenner, U.）は、人間の発達を個人と個人を取り巻く環境との相互作用であると考えた。それぞれの関係は独立しているのではなく、相互に関わり合い影響し合い、システムが個人の発達に大きな影響を与えるとされる（第3章参照）。保育者は、この4つのシステムのなかのメゾシステムに位置するといえる。つまり保育者の環境としての役割を担っている。このように、子どもを取り巻く人的環境や人間関係は、子どもの成長や発達にともなって多様かつ複雑になっていく。

　また、心身の発育・発達が著しく個人差が大きい乳幼児期の健やかな育ちを保障するためには、心身共に安定した状態でいることのできる環境と、愛情豊かな大人の関わりが重要である。子どもの養育にかかわる大人自身の心の安定感やあたたかさが子どもへのかかわりに影響する。保育者には子どもに共通してみられる発達の姿と、一人一人の子どもの個人差にも対応できるような一貫性のある態度が重要である。

　子どもに対する態度や行動、しつけなど養育者が子どもを養い育てるにあたってとる態度のことを養育態度という（横山，2011）。養育態度には、親の「子ども観」やしつけと教育に関してもつ価値観、家族関係が関係する。受容的・拒否的・支配的・自律的な養育態度と子どもの性格や行動特性との関連が検討されているが、明確な結果は出ていないといわれている（横山，2011）。

　ボームリンド（Baumrind, 1971）は、親の養育態度を信頼的（authoritative）と権威主義的（authoritarian）な養育態度の2つに分けられると考え、それぞれの子どものパーソナリティの発達との関連を研究した。信頼的な養育態度は子どもとのコミュニケーションを重視し、子どもの

行動に必要な制限を加える際には子どもに理解できるように説明を試みる養育態度を指す。また、権威主義的な養育態度は説明よりも懲罰を多く用い、親が一方的な態度で子どもを従わせることが多い態度である。信頼的な態度で親に育てられた子どもの方が自律性や責任感が強く、自信をもち、仲間との関係など社会生活上の適応にもよいことが報告されている。

　乳児の気質（temperament）について研究したトマスとチェス（Thomas, A. & Chess, S.）は、環境としての親の養育態度が子どもの発達によい影響を及ぼすかどうかについては、子どもの気質や能力と親の期待や要求との適合であるとした。子どもと養育者との適合によって、子どもが順調に発達するか、あるいは親子関係の悪化や子どもの問題行動をもたらすと考えた。しかし横山（2011）が述べるように、適合のよさ・悪さは子どもの気質のみによってきまるのではなく、同じような気質の子どもであっても周囲の大人の捉え方によってかかわり方も異なり、周囲の大人からのはたらきかけや、さまざまな人間関係のかかわりによって性格も変化すると考えられている。つまり周囲の支える環境によって、子どもは常に変化し成長するというような子どもの伸びていく力を信じることが必要である。保育者は養育環境によって子どもの育ちはしなやかに変化していくことを理解して、個人差や発達過程に応じた保育を実践していくことが重要である。

　また人は生涯をかけて発達し、変化し続ける存在である。乳幼児期の発達の変化は大きく変化しやすいという特徴がある。さまざまな変化や困難に遭遇しても乗り越える力、立ち直る力とされる「レジリエンス（弾力性）」という考え方がある。横山（2011）によればレジリエンスとはストレスを乗り越えていく力のことをいい、子どもの内的要因（能力・気質など）だけではなく、環境要因（養育者との関係やサポートが受けられるかなど）も含まれるとされる。よって、子どもがレジリエンスを発揮するためには周囲の大人との関係やサポートが重要となる。

　このように困難な状況に遭遇しても生き抜く能力、柔軟性をもって力強く生きる力を弾力性と呼び、どのような要因が子どもに弾力性をもた

らすかの研究もされている。たとえば、他者との安定した愛着がその子どもに弾力性をもたらしているとも考えられる。

2．環境を通して育まれる5領域

　子どもを育む保育は環境を通して行われ、子どもが自ら環境とかかわって生み出していく主体的な活動が重要とされる。保育者は、子どもが環境を通して何を経験し、何が育まれるのかなど、子どもの発達を5領域という側面から理解する必要がある。5領域には、健康な心と体を育て、自ら健康で安全な生活をつくり出す力を養う「健康」、他の人々と親しみ、支え合って生活するために、自立心を育て、人とかかわる力を養う「人間関係」、周囲の様々な環境に好奇心や探究心をもってかかわり、それらを生活に取り入れていこうとする力を養う「環境」、経験したことや考えたことなどを自分なりの言葉で表現し、相手の話す言葉を聞こうとする意欲や態度を育て、言葉に対する感覚や言葉で表現する力を養う「言葉」、感じたことや考えたことを自分なりに表現することを通して、豊かな感性や表現する力を養い、創造性を豊かにする「表現」がある。5領域は独立しているものではなく、常に子どもたちの遊びや生活に基づいた具体的な体験の中で総合的に育まれる。

　子どもが発達の側面をあらわす5領域は、安心に満ちた二者関係が土台となる。子どもが自分の体を思う存分、自分の思うように動かすこと（健康）、集団のなかで自己を発揮しながら人間関係を広げていく勇気をもつこと（人間関係）、自分を取り巻くさまざまな人やモノと出会い、はたらきかけて理解を深めること（環境）、自分の思いを伝える喜び・他者の思いを受け止める喜びを味わうこと（言葉）、自由な感性を大切にして自分を表現する（表現）ために、信頼を寄せることができる二者関係が基本となる。この二者関係は、子どもにとって、人とかかわる力の育ちの土台ともなり、その後に続く一人一人の人生を支える力になる。保育者は、子どもの生活や遊びを通して育つ保育者との関係、子ども同士の関係、集団のなかでの育ちの視点など、人とかかわる力の発達についての理解を深めることが必要となる。

子どもがもつ豊かな可能性を発揮していくためには、乳幼児期の頃に傍で見守ってくれ、ありのままの姿をあたたかく受け止めてくれる特別な大人の存在が重要である。保育者による一人一人の子どもの内面や気持ちを汲み取り理解しようとする姿勢をもとに、情緒的な絆や信頼関係が形成される。このような信頼関係は生きる力を育む保育の土台となる。

参考文献・引用文献

繁多進（1987）．愛着の発達――母と子の結びつき　大日本図書
柏木惠子・古澤頼雄・宮下孝広（2005）．新版 発達心理学への招待　ミネルヴァ書房
厚生労働省　平成29年告示　保育所保育指針　フレーベル館
厚生労働省　平成20年　保育所保育指針解説書　フレーベル館
文部科学省　平成20年　平成29年小学校学習指導要領解説総則編
文部科学省　平成29年告示　幼稚園教育要領　フレーベル館
内閣府・文部科学省・厚生労働省　平成29年告示　幼保連携型認定こども園教育・保育要領
中島常安（編）深浦尚子・山名裕子・宮本桃英・鹿嶋桃子・塚本久仁佳・横山順（2012）．保育の心理学――地域と社会のなかで育つ子どもたち　第4章人との相互的かかわりと子どもの発達　同文書院，pp.57-76
櫻井茂男・濱口佳和・向井隆代（2003）．新版 子どものこころ児童心理学入門　有斐閣アルマ
Schaffer, H.R.（1998）．Making decisions about children. Second edition.：Blackwell.,（無藤隆・佐藤恵理子（訳）（2001）．子どもの養育に心理学がいえること　新曜社）
須永美紀（2011）．新保育士養成講座編集委員会（編）新保育士養成講座 第6巻 保育の心理学 第3章人との相互的関わりと子どもの発達　全国社会福祉協議会，p.65
前掲 横山真貴子（2011）．第5章子どもの発達と保育実践，pp.127-128

コラム5 自己愛を育む ミラーリング mirroring の大切さ
――コフートの理論――

　自己愛（ナルシズム narcissism）とは、自分自身を愛の対象とする心の働きである。この自己愛に「健全な自己愛」があることを提唱したのはコフート（Kohut, H.）であり、この健康的な自己愛は生涯にわたり発達していく。また、自分の能力を信じて努力するというのも自己愛のひとつである。乳児であれば誰でもがもつ万能感を大人が受け入れ認めることが、子どもの自尊心が守られ、「自分にもできないことがある」という現実を乗り越える力につながる。そしてありのままの自分を見られるようになり、適度に自分の力を信じ、必要なときには他者の力を求めることができるようになる。そして、完全ではない自分を認めても安心していられるようになる。健全な自己愛は、自分の存在を自身で愛おしいと感じ大切にできる感覚のことで、自己に対する基本的な安心感や自尊心だともいえる。自尊心が健康に育まれていると、「何ができるから自信がある」というのではなく、ありのままの自分を肯定的に認めることができる。ありのままの自己を尊重できる人は、ありのままの他者をも尊重することができ、望ましい人間関係や距離感を築くことができる。

　ミラーリングとは映し返される応答、発達を促進するような共感的な応答をいう。たとえば、よちよち歩きの幼児が母親から離れ一人で部屋の中を探索し始め、見つけたものを手にして得意そうに母親に見せたとき、一緒に喜び子どもが達成したことをほめる母親の態度、泣いている乳児の呼吸に合わせながら背中をやさしくトントンと撫でる態度である。泣いているときの乳児は呼吸が浅くなる。その呼吸に合わせながら大人も「そうだね。泣きたいね。」と子どもに寄り添った声かけをする。すると子どもはこちらに意識を向けてくれるようになる。状況が落ち着いてきたと感じたら、今度は大人が意識的に深い呼吸をしながら、やさしくトントンとするリズムもゆっくりにしていく。しだいに子どもの呼吸も深くなる。これが自分の行動が鏡のように相手の行動に反映されるミラーリングの効果といえる。

第5章　生きる力を育む保育

第6章 自他の気づくとき

1節 身体的自己の気づき

1．自分の発見

「自分」「わたし」という意識は、いつどのように芽生えるのだろうか。生後数か月の乳児でも、意思や欲求を持つ「自分」という核のある存在のように感じられる。しかし乳児にとっての「自分」は、大人のもつ「自分」とは異なる漠然としたもので、自己感と呼ばれることがある。

発達心理学では、「自分」という概念はひとつに定義されず、自身の過去の経験の記憶、集団の中でのふるまいなど、他者との関係性やコミュニケーションで育まれ、見いだされるものを、自己の現われ、自己の発達と解釈している。一般的に自己とは「私は歌が上手」といった自分についての考えやイメージ、言葉で表現された自分である自己概念をさすことが多い。自己概念は1歳半から意識され始め、2、3歳で次第に形成され、言葉で他者に伝えられるようになる。それまでの自己感は、次に述べるような身体感覚を通じたものである。

(1) 身体的自己

乳児は、自分と他者、そして外界が未分化で混在した状態にあるが、自らの身体を動かして生じる感覚から、自分を感じ始める。例えば、目の前にある物に手を伸ばすと、物を触っている感覚があるが、物から触られている感覚はない。一方、自分の片手でもう一方の手首をつかむと、触っている感覚と触られている感覚の両方が生じる。このような感覚運動によるフィードバックが、自他や外界との境界の認識につながる。

また、この頃の子どもは、大人から見ると不思議な動作を行うことがある。生後3か月頃、目覚めているときに、握った片手を目に近づけた

り、指を動かしたり、両手を絡ませたりしながら、自分の手をじっと見つめる様子が見られる。これをハンドリガード（handregard）と呼び、自分の身体との出会いである。もごもごと動いている間に視界に入ってくる自分の手足を自らの身体の一部であるとわからず、興味深く見ているといえる。また生後6～10か月頃、頭部を壁や床に打ちつける動作が見られることがある。自分で直接目にすることのできない頭という身体の一部を、打ちつける感覚から感じ取るといわれる。このように触ったりなめたりしながら、次第に独自の身体をもつ、まとまりある存在として感じられるようになる。また、寝返りやはいはいなど姿勢の変化や移動運動の発達により、身体像の把握とともに自分と自分以外の認識が始まる。

　このように、乳児は感覚運動を通して、自分の身体を外界と異なるひとつのまとまりとして捉え始めるが、それはまだ曖昧なまとまりの自己感である。それが3歳頃の幼児期前半には「自分」「わたし」として捉えられるようになっていく。

(2) 身体の部位の理解

　1歳を過ぎると、自分の身体と他者の身体とを対比し、指さしたり触ったりしながら自他の身体に関心を示し、部位の名前を確認し始める。例えば、自分で直接見ることの難しい顔の部位において、新版K式発達検査では「メ、ハナ、クチ、ミミ」の4部位のうち3部位を指し示すことができるのは1歳8、9か月頃とされる。自分が他者と同じ身体を持つ同型の存在と感じてこそ、直接見えない部位の理解も進むといえる。

2節　自分の捉え

1. 鏡の中の自己

　鏡に映った自分の顔を見る。その映り姿が自分であることを当然のように感じるのは、基本的に2歳以降の人間以外ではチンパンジーなどの一部の類人猿だけであるといわれる。子どもは1歳頃から鏡に関心を向

表1　ワロンの鏡映像に対する仮説（Wallon, 1949 より作図）

第1段階	生後6か月〜1歳 鏡像を完全に実在視する段階
第2段階	1歳ごろ 他人の鏡像は実物ではないことが理解される段階
第3段階	1歳半ごろ 自分の鏡像を、自分とは半ば独立した分身として遊ぶ段階
第4段階	2歳以上 自分の鏡像は、自分の映り姿であると理解できる段階

け始めるが、その頃はまだ、鏡は玩具のように扱われるだけである。ワロン（Wallon, 1949）による自分の鏡映像に対する実験では、乳幼児の行動発達は4段階とされる（表1）。第1段階では、自身の鏡映像を他者とみなして笑いかけたり、触れたりしようとする様子が見られる。第2段階になると、鏡の後ろを見たりしながら、鏡映像は実在しないことに気づき始める。鏡映像を他者に見立てて遊ぶことを経て、2歳以降、自己の鏡映像に関しても映り姿であると理解できるようになる。鏡映像に対するその他の実験では、子どもに気づかれないように口紅を鼻の頭につけておき、鏡を見て拭い去ろうとするのかといった反応を観察するルージュテストがある（Lewis & Brooks-Gunn, 1979）。木下（2001）によると、ビデオに映った姿に関しては、4歳以降になるまで理解が難しいとされる。

2．自画像・人物画に表れる自己

　幼児が自画像を描くと、正面から見た自分を描くことが多い。後ろや横から見た自分を描くことを要求すると、髪の毛や目、耳などが実際と異なる位置に描かれることがある。色々な視点から自分自身がどのように見えるのかが理解できるためには、認識の発達が関係する。

　また人物画は自分のイメージを写すとされ、三浦ら（2005）は幼児（女児）に人物画を描かせ、ボディイメージの発達を検討した。ボディイメージとは、心の中に抱く自分の姿であり、顔やスタイル、歩き方といった自己に関するすべての部分を含む、非常に広い概念と捉えられる。

3、4歳では顔と腕や脚、4、5歳では胴体、5、6歳では約30%がほぼ完全な人物画を描くと同時に、装飾、まつげ、髪等に女性的特徴が描かれていた。子どもは見たものを正確に描くのではなく、知っていることや理解したことを描くことがあり（知的リアリズム）、現実の姿だけでなく理想の姿も表現するといえる。装飾、結んだ髪、ウインク、まつげなどは、このようにありたいと望む女児自身の意識の表れと推測される。

3．記憶の中の自己

幼少期の自分、今ここを生きる自分、10年後の自分など、過去から現在、未来へとつながる誰とも変わることのない固有の存在としての「自分」という認識は、いつどのように形成されるだろうか。また自分についての最も古い記憶は、いつのどのようなものだろうか。自分が経験したエピソードについての記憶を自伝的記憶と呼ぶ。また生後3、4年までの記憶が成長すると思い出せず、曖昧になる現象を乳幼児健忘と呼ぶ（この現象が起こる原因には諸説ある）。過去から現在、未来へと続く自己像が明確になる中で、過去の経験が子どもにとって重要な意味を持つ自伝的記憶になっていく。また、出来事の因果関係や時間的経過に沿って、身近な大人に自身の日常的な経験を語るようになる。

3節　他者と関わるための生物学的基盤と関係の始まり

1．ヒトの乳児の生物学的特徴

ヒトの乳児は出生時に自力で移動することが難しく、感覚機能も一定の能力はあるもののゆっくりと発達するなど、他の動物と比べて未熟な状態で生まれてくる。動物学者のポルトマン（Portmann, A.）は、ヒトは大脳の発達の影響により本来より1年程度早い状態で出生すると考え、生理的早産で生まれ、二次的就巣性の生物であるとし、大人からの世話をはじめとする生後の環境に大きな影響を受けることを唱えた。しかし、決して何もできない受動的な存在ではなく、他者と関わるための様々な

生物学的基盤を備えた能動的な存在であるとされる。

2. 他者と関わるための生物学的基盤

ヒトの乳児には、他者からの養育や保護を引き出し、他者との関係をつくるための生物学的基盤が生得的に備わっている。子どもの持つベビースキーマは、大人の養育行動を引き出す生得的触発機構となっている（Lorentz, K., 1943：本書4章参照）。

また生後5か月頃までの子どもの顔の正前で、大人が口を大きく開けたり舌を出したりすると、子どもが意図せず同じ動きをする現象がみられ、これを共鳴動作（原初模倣）という。その他、乳児は、人の顔が好きでじっと見つめる傾向があること（本書4章参照）、人の表情や声に反応し、中でも母親の声に敏感に反応することが知られている。これらの生得的に備わる生物学的基盤が、親をはじめとする他者との関わりの始まりといえる。

3. 乳児の情動表出と大人のかかわり

乳児は自力で移動することや、姿勢を調整し、保つことが難しい。親は、子どもの泣き声を聞きつけ、自ら近づき、子どもと対面しながら表情を見せ、「どうしたのかな」と声をかける。そして、子どもの心身の状態や注意の方向を理解しようと、視線や表情などを手掛かりにする。

乳児は、泣く、顔をしかめるなど、生後間もなくより様々な情動表出をする。例えば、微笑みの発達では、生後1か月頃までまどろみのときに現れる自発的微笑（生理的微笑）、生後2か月半から5、6か月頃の誰に対しても笑いかける社会的微笑が見られる。生後7、8か月には、見知らぬ他者に対して泣くなどの人見知りが見られる。発達初期の情動表出は必ずしも自分の意図や欲求を明確に意識し、他者に示そうとしているとはいえないが、見ている大人は子どもの表出や行動に対し「痛かったのね」などと子どもの気持ちを代弁して関わろうとする。あくまで大人側の推測であり、子どもの実際の思いとは異なる場合もあるが、子どもの気持ちの間主観的な読み取りによる応答を行おうとする。この

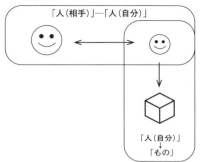
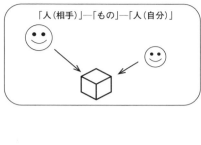

共同注視：同じ対象に同時に注意を向けること
共同注意：同じ対象に同時に注意を向けるとともに、互いに何を見ているのか知っていること
二項関係：「人(自分)」と「人(相手)」もしくは「人(自分)」と「もの」の2つの極の構造とその関係
三項関係：「人(自分)」と「人(相手)」の間に「もの」が入り、3つの極が1つの関係の中に組み込まれる
　　　　　構造、そして気持ちを通い合わせたり、経験を共有したりする関係

図1　二項関係と三項関係

　ように大人は子どもに「成り込む」(鯨岡, 1999)ことにより、子どもの思いを想像し、不快を除いて快の状態にしようと行動する。生後3、4か月を過ぎると、子どもの情動表出は意図を持つものに変わっていく。遊びを中心とした日常生活で笑いあうなどの感情的な触れ合いである情動交流がみられ、子どもは他者とのやりとりを学んでいく（図1）。

　親は、子どもとの関わりの中で、次第にガラガラなどのおもちゃを遊びに取り入れる。生後2か月頃は、対象の動きを目で追うことは難しく、単純な注視であるが、生後3、4か月になると、子どもは視線を動かし、対象に手を伸ばす様子が見られ、大人と子どもの両者が同じものを見る共同注視が成り立つ。生後9か月には大人が指さしをすると、指さした先にある物を見るようになり、生後10か月を過ぎると、興味を持ったものを大人に見てもらいたいと指さしをし、大人の注意を向けようとする。大人と子どもの両者が同じものを見るだけでなく、物を介して気持ちを通い合わせる共同注意が成立する。大人と子どもが物に注意を向け、互いに気持ちを伝えあう関係を三項関係という。自分の行動とその結果

としての大人の行動の関係がつながると、行動を繰り返すやりとりが見られる。

4節　人間関係の中での自己の形成

1．親子関係の中での自己の形成

　発達の初期には母子の境界は曖昧で混然としたものに感じられているが、母親に自分の欲求を阻止される経験を重ねることで、自分と異なる欲求をもつ存在として、他者への認識が始まる（自分の欲求≠母親の欲求）。例えば授乳の際、生後6か月以降、歯が生え、乳房を噛まれたことで母親が授乳を拒否したり躊躇したりすることが挙げられる。また排泄など基本的生活習慣のしつけを通して、自分のしたいことを親に制止される経験も自己形成に影響する。

2．集団生活の中での自己の形成

(1)　自己の拡大

　満員電車に乗っているとき、自分の鞄に他者の身体が当たって不快になった経験はあるだろうか。自分という感覚は、身体の範囲にとどまらず、名前、衣服、性別といった属性へと広がりを見せていく。

　自分の鏡像を自分と理解できるようになる頃に、自分の名前を用いた主張が始まる。個人差はあるが、一般的に自分の名前のみに反応するのが1歳半〜2歳、自分で自分の名前を言うのが1歳8か月〜2歳である。

　性別意識は2歳頃に明確になり始める。2歳頃に男女の2種があるとわかり、3歳頃になると自分の性別がわかる。しかし性別が生涯変わらないことはわからず、女児なのに「大きくなったらパパになる」と話すこともある。2歳後半から3歳には「ぼく」「わたし」と自身の性別に応じた一人称の使い分けが始まり、3歳後半には、女児は「〜なの」「〜だわ」、男児は「〜なんだぞ」など発話の違いもみられる。4〜6歳頃に自分の性別が生涯変わらないことが分かり、生活や遊びの中で自分の性に応じた行動をとるようになる。

名前がわかると、今度は「自分のもの」に関心が広がり、仲間との間で物や場所の取り合いが始まる。大人はあたたかく見守りながら、子どもの間を取り持つなどの援助が必要である。

(2) **自己意識の育ちと二次的感情の出現**
　1歳半以降に芽生えた自己意識は、徐々に他者を意識したものとなる。自分の名前や自分の所有物を主張し、他者に見られる自分を意識した感情である照れや憧れ、共感、気まずさ、恥などの二次的感情が出現する。

5節　自我の芽生えと反抗

1．第一次反抗期
　親の言うことを聞いていた子どもが、2歳頃には「自分で」「イヤ」「いらない」などと盛んに主張し、母親がかまうのを嫌がり、意見がぶつかるようになる。この時期を第一次反抗期と呼び、自我の芽生えに関係する。反抗期は、親や大人に従うことを拒み、激しく自己主張したり、反抗的な態度をとる時期をさし、個人差はあるが、1歳半から4歳ごろまでの第一次反抗期と、思春期に生じる第二次反抗期がある。

> 事例1　「第一次反抗期　母親から保育者への相談」　2歳10か月
> 　Nくんの母親から「最近、何でもいやといってきかない。手に負えず、困る」という相談を受けた。例えば、先日、出かけるために着替えをしていたときのこと。家を出る時間が迫り、ボタンはめに手間取るNくんに「お母さんがやってあげる」と言ったところ、「いや（僕がやる）」と言ってきかない。様子を見ていたが、同じやり取りが繰り返された。とうとうNくんは「やって」と泣いて母親のところに来たとのことである。

2．保護者への支援、第一次反抗期の子どもへの関わり
　保育者の保護者への支援は、ひいては子どもへの支援につながる。この場合、母親の話を十分に聞き、大変さやつらさを受けとめ、寄り添い、

共感し、労うようにすることが大切である。また必要に応じて、第一次反抗期の発達上の意味を伝える。第一次反抗期は２、３歳がピークであるが、その前後も情緒的に不安定になる。この頃の子どもは、甘えと自立の間で気持ちが揺れ動いている。着替えや排泄など日常生活において自分でできることが増え、自分で決めたい、やりたい気持ちが生じる。一方、気持ちとは裏腹にうまくできないことも多く、できない自分に苛立ち、混乱し、不安になり、明確な要求や理由もなくぐずることが多くなる。

　この頃の子どもに対し、大人は、最初からできないと決めつけず、意思を尊重し、子どもが「自分でできた」という達成感を味わうことを大切にする。時間にも気持ちにも余裕を持ち、あたたかく見守り、必要に応じて優しく手助けをすると子どもは安心することができる。また、気持ちを切り替えるきっかけを作ることも必要である。心の育ちとして自尊心を傷つけぬよう、できなかったときにも次につながるように励ます。反抗とは大人との関係性の中で生じるものであるから、発達上の意味を理解し、大人は子どもとの関わり方を見直す契機にすると良い。

6節　制御する自分、自己の深まり

1. 自己制御の発達

　３歳頃になると、状況に合わせて自らをコントロールしようとする自己制御がみられる。私たちは、自分の欲求や意図を言動で示し、他者に伝え実現しようとする一方、他者とぶつかるのであれば行動を抑えようとする。このように自己制御には自己主張・自己実現と自己抑制の２側面がある。自己制御は年齢とともに発達するが、各々発達の速度が異なる。柏木（1988）によると、自己主張・自己実現は３歳から４歳にかけて急速に伸び、その後はほぼ横ばいとなる一方、自己抑制は３歳から７歳にかけてゆるやかに伸びる。よって自己主張・自己実現の発達が早く、自己抑制の発達が緩やかであることで、自己主張ばかりが強く、自分を抑えることができず、周囲の仲間との衝突を生むこともある（図２）。

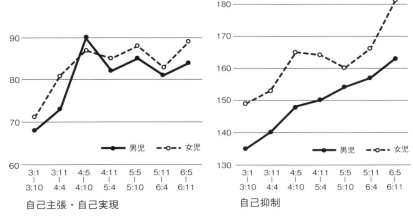

＊縦軸は得点の平均値、横軸は年：月齢を表す

図2　自己主張・自己実現と自己抑制の発達（柏木, 1988より作図）

> 事例2　「年少のMちゃんの自己主張」
> 　Mちゃんがお人形で遊んでいると、NちゃんがやってきてMちゃんを抱きしめる。MちゃんはNちゃんを無言で突き飛ばす。それでもNちゃんが抱きしめようとすると、Mちゃんは「やめて」という。
>
> 事例3　「年長のTちゃんの自己主張」
> 　TちゃんとHくんが砂遊びをしているそばでKちゃんは砂を触っている。Tちゃんは「Kちゃん、そっちでプリキュアごっこしてて」という。

　仲間との遊びで生じる様々ないざこざは、他者との関係を学ぶ場でもある。事例のように、直接的な表現や振る舞いが、年齢を経て他者との衝突を避けるため、間接的で曖昧な表現になっていくことがある。

2．自己概念の形成と大人の関わり

　子どもなりに自分について考えたこと、他者から言われたこと、人と比べることを中心に、他者との関わりを通して自己概念を形成する。大人は、子ども自身の発見を邪魔せず、他児と比較して否定したり人格を

否定したりすることで自尊心の育ちを阻まぬように留意すべきである。

３．理想自己と現実自己

　自分や他者の期待に沿い、今と今後の自分への理想を持つことを理想自己、現実の自分の状態について自身が持つ考えのことを現実自己と呼ぶ。理想の自分を持つには、自己評価の発達が不可欠である。他者の期待を理解し、自分が見合っているかどうかを評価したり、現実の自分を的確に捉えられるほど理想に近づくことができる。自己意識は、周囲からの期待がわかる２歳以降に芽生えるが、幼児期全般に、成功への評価に敏感だが、失敗への評価を避けようとするため、子どもの自分への考えは非現実的で肯定的になりがちである。また３、４歳から同性の親の役割が重要になり、４、５歳には先の自分を思い描くようになる。児童期には、現実の自分をより的確に評価でき、他者との比較が進む。

４．自己意識の広がり、自己の深まり

　自己意識は、生涯でその内容を広げつつ、優勢になる時期が変化する（梶田，1990）。自己意識は、自分の外見など他者に見える自分に向ける意識である公的自己意識と、自分の感情などの他者から見えない部分の自分に向ける意識である私的自己意識に区別される。子どもは自身の身体や外界、周囲の大人や仲間との関わりの中で自己を意識し、自己概念を抱き、自己評価を行う。自分の情動や行動を制御しながら、社会性と自尊心を育み、集団の中での自分への理解を深め、生涯に渡る力となる非認知的な能力を身につけていく。

参考文献・引用文献

浜田寿美男（1999）．「私」とは何か　講談社選書メチエ
浜田寿美男（訳編）（1983）．ワロン／身体・自我・社会　子どものうけとる世界と子どもの働きかける世界　ミネルヴァ書房
柏木惠子（1988）．幼児期における「自己」の発達　東京大学出版会
梶田叡一（1980）．自己意識の心理学　東京大学出版会

木村光伸（1983）．ニホンザル未成熟個体の社会的行動──生後6ヶ月未満における攻撃的行動の発言と発達，日高敏隆（編）動物行動の意味　東海大学出版会

木下孝司（2001）．遅延提示された自己鏡像に関する幼児の理解──自己認知・時間的視点・「心の理論」の関連　発達心理学研究，12, 185-194.

鯨岡峻（1999）．関係発達論の展開──初期「子ども－養育者」関係の発達的変容　ミネルヴァ書房

松沢哲郎（2006）．おかあさんになったアイ──チンパンジーの親子と文化　講談社学術文庫

明和政子（2006）．心が芽ばえるとき──コミュニケーションの誕生と進化　NTT出版

南徹弘（1998）．隔離ザルの行動異常　霊長類研究，14, 69-76.

三浦由梨、渡邊加礼、渡邉タミ子、大山建司（2005）．幼児期女児の描いた人物画によるボディイメージ発達の研究　山梨大学看護学会誌，3（2），13-20.

Lewis, M.,& Brooks-Gunn, J.(1979)．Social cognition and the acquisition of self. Plenum Press.

山口真美・金沢創（2008）．赤ちゃんの視覚と心の発達　東京大学出版会

コラム 6　隔離飼育で育ったサル

　人間は、親子関係や仲間関係を通して社会性を育む。人間的環境を剥奪されて育った野生児の記録が示すように、初期経験は非常に重要とされる。生物学的にヒトに近いサルではどうだろうか。

　自然環境下で集団や社会を形成する動物を、人工環境下で単独飼育を行うことを社会的隔離という。発達初期に母から離され単独で飼育された子ザルは、野外や集団飼育で育った子ザルではほとんどみることない異常行動の発現や、性行動、攻撃性、養育行動など社会性に障害を示すことが報告されている。

　南（1998）によると、生後 6 か月間、完全に社会的隔離をしたサルでは、指しゃぶりや身体をゆするなどの常同行動が目立ち、コロニーに戻ってからも他のサルとの遊びや、成熟後の性行動などの社会的行動ができなかった。

　また松沢（2006）によると、チンパンジーにおいて、人工飼育されたメスの初産での育児の成功率が 50％以下であるとされる。このことは、遺伝子的に人間に最も近い類人猿において、養育を含む社会的行動が乳幼児期の経験により学習されることを示している。また、親子関係だけでなく、仲間関係の経験も社会性に影響をすることがわかる。

　木村（1983）によると、生後 5 週を過ぎるとニホンザルの子どもの行動が急速に活発化し、自然環境下のニホンザルやアカゲザルでは、生後 2 か月を過ぎると母親以外に、同年齢の仲間との関わりや年齢の近いサルとの関わりを次第に多く持つようになる。このように、遊びの仲間関係の形成や遊び集団の拡大に伴い、関係が多様になり、社会的行動を学んでいく。

　生物学的にヒトに近いサルにおいても、社会的行動の発達には、発達初期の親子関係や同年代の仲間関係の経験が不可欠であることがわかる。

第7章 他者とのかかわり

1節 他者を発見する

1．関わるための基盤

　ひとりの赤ちゃんが泣きだすと、少し離れたところにいる赤ちゃんも呼応するかのように泣きだすことがある。初めに泣いた赤ちゃんの泣きがもうひとりの赤ちゃんの泣きを誘発したのである。このような現象を「情動伝染」といい（Wallon, 1949）、赤ちゃん同士の情動的コミュニケーションの始まりともいえる。

　新生児時期の子どもは、人の顔と図形を区別するだけでなく、興味を持って注視をする（Fantz, 1961：本書4章参照）。また、この時期には大人が口を開けたり、舌を出したりすると同じように口を開けたり、舌を出したりする共鳴反応もみられる。さらには、生まれ持った生理的微笑は、生後3か月ほどで社会的微笑に変化して、大人の笑顔に反応して笑うようになる。このように赤ちゃんは、人間の顔や声などに敏感に反応するチャンネルと、積極的に関わろうとする基盤を持って生まれてくる。養育者をはじめとする周囲の大人は、この基盤に働きかけて、他者と関わる力を育てることが大切である。

2．親しい養育者との関わり

　乳児の頃のコミュニケーションは、その多くが親しい養育者とのやりとりが中心である。養育者が笑いかけると、それに応じて赤ちゃんが笑い、話しかけると赤ちゃんが「あー」と応じる。養育者の働きかけに応じて手足や頭を動かしたり、表情を変えたり、養育者を見つめる。このような養育者と赤ちゃんの相互作用は、図1のようにイニシアチブを交替しながらもぴったりと同期するか、お互いに補完的である

（Trevarthen, 1979）。

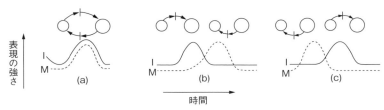

図1　母親（M）と2か月児（I）の相互作用 (a) 同期、(b) (c) 交替
　　トレヴァーセン（1979）「母と子のあいだ」から引用

　2、3か月の頃からすでに赤ちゃんから養育者への働きかけは、能動的である。気分を知らせたり、関心を惹くために声をあげたりするなどして、積極的に養育者に働きかける姿がみられる。また、赤ちゃんの姿形も養育者を引き込む要因である。養育者は愛らしさに引き込まれて、笑顔を見たいがためにさまざまな働きかけをする。それに応じて赤ちゃんが身振りを見せる。このことから、誕生してから間もない赤ちゃんは、すでに養育者とのコミュニケーションにおいて主導権を握っている（Trevarthen, 1979）。

　このようなやりとりのなかで、養育者が気持ちを読み取り「楽しいね」「痛かったね」と気持ちを「映し返す（ミラーリング）」ことで、子どもは自分の心の状態や気持ちを確認できるだけでなく、他者と共有できるということにも気づいていく（ミラーリングについては本書5章参照）。養育者の方も、子どもの気持ちと共感するために、子どもの立場になろうとする。大人が子どもに成り込もう（鯨岡，1999：本書6章参照）とする丁寧なミラーリングがあってこそ、自分自身の感情を確認し、制御することにつながっていく。また、養育者の多くはミラーリングをすると同時に、子どもの気持ちを落ち着かせるなどの働きかけを行うことが多い。たとえば、火がついたように泣いている子には、抱っこをして揺すったりしてあやそうとする。このようなやりとりを情動調律という。

　子どもにとって自己の感情の理解と制御は、自己形成の中核を担うだけに大切である。このように親しい大人との関わりのなかで、生後6、7か月頃には喜び、怒り、悲しみ、驚きといった原初的感情が出揃って

いく。

> 事例1 「痛いの、痛いの飛んでいけ」　1歳3か月
> 　Aちゃんは、1歳3か月である。まだスムーズには歩くことができない。保育室で一生懸命前を向いてバランスを取りながら歩いているときに、目の前にぬいぐるみがあるのに気がつかずに、ステンと前に転んでしまった。顔をあげたAちゃんは、一瞬何が起こったのか分からない顔をして、そのあとに顔をクシャとしながらウワーと泣きださんばかりである。
> 　しかし、何とか泣かないようにと顔をしかめて頑張っている。そのときに、Aちゃんのクラス担任のF先生が、「Aちゃん、痛かったね。痛いの、痛いの飛んでいけー。泣かないで、頑張っているね。えらいね。強いね。」としっかりと顔を見て笑いかけると、Aちゃんは泣きそうな表情をピタリと止めて、笑顔をみせた。F先生の言葉がけと表情は、Aちゃんの痛いという気持ちを受けとめ、そのうえで泣かない頑張りを支えたのである。

2節　他者とのコミュニケーション

1．他者の視点への気づき

　生後9か月までは、子どもは「自分と大人」もしくは「自分と物」の二項関係でコミュニケーションが成り立っている。しかし、9か月を過ぎると大きな変化が現れる。指さしがはじまり、「他者と同じものを見る」という共同注視がわかるようになってくると、子どもはさまざまな対象物を指さして、大人に教えてくれるようになる。たとえば、窓から外を見ているときに電車が通ったときに「あー！」と指さして、大人と電車を交互に見るような行動がみられる。このとき子どもは、大人と自分が同じ電車を見ていると気づいている。二項関係から、「大人と物と自分」の三項関係のコミュニケーションの成立へと移行していくのである。このことによって、飛躍的に他者と世界を共有できるようになり、自分の世界を広げていくことができるようになる。

三項関係が分かるようになると、自分がどのように行動してよいか判断のつかない曖昧な状況のときに、大人の表情を参照して、自分の行動を決めることができるようになる。たとえば、公園の新しい遊具で遊んでもよいかどうかわからないときに、養育者の方を振り返り、養育者が笑うなどのポジティブな表情のときには新しい遊具で遊ぼうとし、厳しい表情のときには遊ばない。このような行動を「社会的参照」という（社会的参照の実験については本書4章参照）。

　このような大人とのやりとりだけでなく、0歳後半頃から他児とのやりとりが少しずつ増えてくる。他児へ笑いかける、おもちゃを差し出す、触ろうとするなど行為がみられるようになる（Lewis, 1982）。

　事例2は、1歳児のやりとりの例である。人形を渡し、渡されるというやりとりを楽しんでいる姿が伺える。

事例2　「お人形をあげる」　　1歳3か月と1歳1か月
　Sちゃん（1歳3か月）が、子ども用のソファにつかまり立ちしている。するとそこにOちゃん（1歳1か月）がウサギの人形を持ってやってきた。そして、横並びになって顔を見合わせると、Sちゃんが手に持っていた人形を、ふいにOちゃんに「あぁー！」と言って差し出した。まるで「どうぞ」という感じである。Oちゃんが差し出された人形を右手でがっとつかみ、胸にそおっと抱くようなしぐさをする。SちゃんはOちゃんのその姿を、満足そうに笑みを浮かべてみている。

2．他者の心の状態への気づき

　1歳半ぐらいから、他者が自分と異なる心の状態であることに気づく。とくに他者の欲求の理解は早くからみられる。レパコリら（Repacholi & Gopnik, 1997）は、14か月と18か月児を対象に、実験者がクラッカーとブロッコリーを口にして、どちらかに嫌悪の表情をもうひとつに快の表情を示した後で、実験者のほしい方を尋ねた。14か月児は自分の好きなクラッカーを渡すが、18か月児は実験者の好きな方を手渡した。

レパコリらの実験が示すように、1歳半ごろから他者の欲求に気づくようにはなるが、それよりも高次の信念や意図がわかるようになるのは、表象の理解が進む4、5歳である。他者の心の状態というのは、目に見えない表象であるため、心の理解は表象の理解と関係している。

　表象の理解の発達は、イメージを使ってふりや見立てができる1歳半から2歳にかけて大きく進む。4歳になると二重表象を持てるようになる。二重表象がわかるということは、表象をふたつ同時に持てるということである。たとえば、見かけは石だけれどもスポンジでできているおもちゃの「見かけと本当」の区別がわかるということである（Flavell et al., 1986）。

　この区別ができるということは、他者理解においても、内容の違う自分と他者の表象を同時に思い浮かべることができるようになるということである。すなわち、両方の心の状態を思い浮かべる二重表象の理解によって、他者が自分とは違う欲求、信念、意図を持っていることが理解できる。

　このように他者の欲求、信念、意図を予測することを「心の理論」といい、私たちは日常、心の理論を使って生活している。つまり「心の理論」とは、私たちが他者の心の状態を推測するときに、他者の行動に内的状態を付与して考えることをいう。たとえば、「駅に走っていく人は、電車に乗り遅れそうで急いでいるのだろう」と予測をすることなどである。

　この心の理論の発達を調べるために「心の理論（誤信念）課題」がある。図2のような構成になっており、サリーがいない間に、ビー玉の場所が変わるが、そのことを知らないサリーはビー玉がどこにあると考えているかを推測する課題である。

　子どもは、「自分の知っていること（ビー玉は箱のなか）」と「サリーの心の状態（ビー玉はかごのなか）」とが異なることに気づくことができなければ、この課題を通過することができない。つまり二重表象を使うことになる。さらに、サリーの心の状態に気づくためには、現実にはビー玉は箱の中にあるが、サリー（他者）はかごのなかであると思って

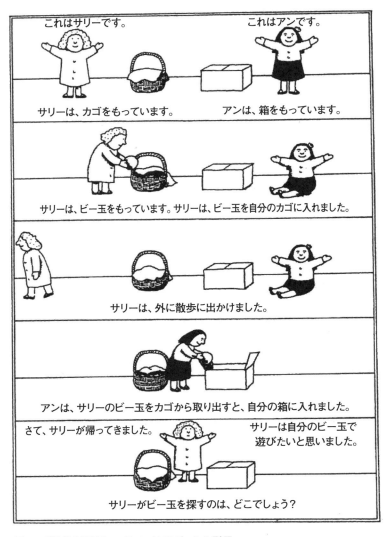

図2 「誤信念課題」フリス（1989）から引用

いることを理解できなければならない。すなわち、他者は現実とは異なる心の状態（信念）を持つことがわかっているということである。

このような他者の誤った信念を予測する課題に通過するのは、4、5歳からである。3歳児では他者の誤信念がまだわからないため、たとえばいざこざ場面において、友達が知らない（誤信念）からおもちゃを使おうとしたということを丁寧に説明する必要がある。

3節　遊びを通した他者とのかかわり

1．遊びの意味

「子どもの仕事は遊びである」といわれるように、子どもの生活のなかで遊びは大きなウェイトを占めている。子どもが夢中になって主体的に遊びに取り組むことで、運動機能、認知発達のみならず、いわゆる心情・意欲・態度のような非認知的な能力（社会情動的な力）も培われていく。

子どもの遊びの特質について、高橋（1984）は以下の6つの点をあげている。
① 自由で自発的な活動である
② おもしろさ、楽しさ、よろこびを追求する活動である
③ 身体的鋭敏さを養う、知識を蓄えるなど他の目的のための手段ではなく、その活動自体が目的である
④ 遊び手が積極的に関わる活動である
⑤ 現実世界の価値基準に縛られず、自由自在に主観性を駆使し、実際には起こりえない不合理とナンセンスを創出し、その楽しさを味わうような虚構の世界における活動である
⑥ 言葉の発達や、社会性の発達、空想性や創造性の発達など他の行動系の発達と相互的・有機的に関係している

保育者は、子どもの豊かな遊びを保障するために、このような遊びの特質を念頭に置きながら、遊びの展開を支える姿勢が必要である。

> **事例3　「夢中になって遊ぶ」　4歳3か月**
> 　Tくん（4歳3か月）は、砂場でみんなと遊びたい気持ちはあるものの、なかなか遊びの輪に入らず、うろうろしているだけで、自身の遊びにも夢中になることがほとんどなかった。この日も、砂場の周りの淵をぐるぐると回りながら他児のしている遊びをのぞき込んでいた。それを見ていたF先生が、「Tちゃん、今日のお砂は昨日の雨でちょっとしっとりしている。触ってごらん。」と声をかけた。Tくんは砂場に入り、砂を触り始めたが、触っているうちに目の前にある砂の山に気がついて、その山の真ん中に穴を掘り始めた。
> 　掘り続けるうちに向こう側が見えて、小さな穴が見えてきた。するとF先生がそこに水を流して「あっ、向こうに水が流れていったね。」と言うと、それを反対側に行って見に行き、また自分の堀っていた場所に戻り、今度は夢中になって掘り始めた。掘り進めて、今度は自分で水を汲んで流し、水の流れを確認して、さらに大きく穴を掘り始めた。掘っているときに夢中になりすぎて、よだれが出ているのも気づかないほどであった。穴が大きくなり、水がスムーズに流れるぐらいになると、反対側で水が流れてくるのを見て満足そうに笑顔を見せた。

　この事例では、砂場へ入る導入は保育者であったものの、自らの偶然のきっかけではじまった「穴を掘る」という作業に夢中になっていくTの様子が描かれている。その作業はTにとって、たいへん楽しく、よだれが出ていることにも気がつかないほど我を忘れる遊びであったことがわかる。

　Tのようなひとりで遊び込む遊びの形態を「ひとり遊び」という。これに対して、子ども同士で組織的に遊ぶ形態を協同遊びといい、4歳過ぎから頻度が高くなる。協同遊びとは、イメージが共有され、役割やルールがある。

　パーテンによれば、そのほかの遊びの形態として一緒に遊んでいるが、イメージの共有や役割の分担が単発的で持続時間が短い「連合遊び」、同じ場を共有していて、模倣もみられるが別々に遊びを展開する「平行遊び」の形態がみられる（Parten, 1932）。図3は遊びの形態と発達の関係を示している。

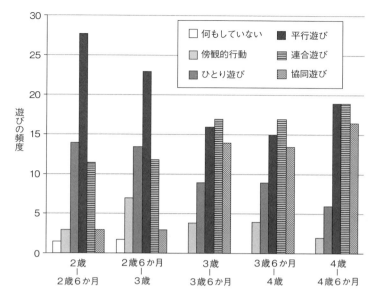

図3　保育所での子どもの遊びの形態（Parten, 1932をもとに作成）

　2、3歳では、ひとり遊びや平行遊びが多く、4、5歳になると連合遊びや協同遊びが増加していく。このように発達的変化していくおおよその年齢はあるが、5歳でひとり遊びがみられるからといって、必ずしも社会性の未発達を示すわけではない。ひとりで集中して遊び込む場合や、静かにイメージを巡らす読書活動など、状況や遊び自体の形も影響する。また、ひとり遊びを好む子どももいることから、個人差についても考慮する必要がある。

2．遊びのなかでの人との関わりの発達的様相
(1)　0～2歳
　この時期は、感覚や運動を楽しむことが遊びであり、同じ行動を何度も繰り返して遊ぶ姿が見られる。

> **事例4　「もう1回！」　1歳3か月**
>
> 　Sちゃん（1歳3か月）の手をI先生が取って「Sちゃん、いくよー。いっぽんばしこっちょこっちょ……」と歌いながらくすぐると、きゃっきゃっと体をよじらせながら手を引っ込める。手を引っ込めた後も笑いが止まらない。
> 　ようやく笑いが止まると、またSちゃんは、もう一度左手を差し出して、右手の人差し指を立てて「も、いっかい」とI先生にせがむ。I先生が「もう1回ね」と言い、もう一度歌いながらSちゃんをくすぐる。Sちゃん、楽しくてたまらないという感じできゃっきゃっと身をよじってくすぐりを避けようとするが、くすぐられてしまう。そのあとにまた右手の薬指を立てて「も、いっかい」、I先生「えーSちゃん、まだするの？」と言いながら、歌いだす。こんどは、歌いだしたときからそわそわし、笑い始めるSちゃん、くすぐる場面になると前よりも大きな声を出して嬉しそうである。

　この事例では、保育者が「いっぽんばしこっちょこちょ」と手のひらをくすぐる感覚で楽しむと同時に、その面白さを共有する感覚もまた味わっている。それを味わうために何度でも保育者にせがむのである。

　事例に登場する保育者のように応答的な反応を返すことが、自らが働きかけることで環境（人も含めて）を変えることができるという子どもの自信や能動性の育ちにつながる。また、移動がスムーズではないこの年齢では、自ら面白い遊具や場所を探索することに制限があることから、楽しいという気持ちを体験できるような環境設定を十分にすることが大切である。さらに、感覚が育つ時期でもあるので、保育者がタイミングよく「楽しいね」「温かいね」など伝えることで、感覚を捉える力が養われていく。

　この年齢での遊びを通しての人との関わりは、保育者とのものがほとんどであるが、子ども同士で「おもちゃを渡す−受け取る」の繰り返しや、他の子が遊んでいる行動と同じ行動をする模倣行動や平行遊びなどもみられる。

(2) 2〜3歳

 2歳になると身体能力が高くなり、階段上りや両足飛び、片足立ちができるようになり、3歳ではケンケンができるようになる。子ども同士で、ケンケンの相互模倣を繰り返して楽しむ、砂遊びや水遊びなど体全体を動かして感情を共有する姿がみられる。

 大きな変化としては、象徴機能が発達してイメージを使った遊びができるようになる。イメージを作りやすい生活とつながりのあるテーマの見立てやふりが、遊びのなかで頻繁にみられるようになる。

 この時期は、子ども同士でふり遊びをすることもあるが、イメージを共有し続けることがまだ難しいので、保育者が間に入り子ども同士をつなぐことが必要である。自我が芽生え、自己主張も多くなるため、いざこざが増える時期である。保育者が間に入り、それぞれの気持ちを代弁しながら、説明することが大切である。それによって、自分の感情に気づくセルフモニタリング力や、友達の気持ちに気づく役割取得の力が育っていく。

(3) 4〜5歳

 4、5歳になるとドッジボールやカードあそびなど、複数の友達とルールのある遊びを楽しむようになる。数の理解や空間的な理解も進むので、ドッジボールでボールに当てられずに残っている子どもの人数や、グループ分けの仕方、さらにはボールを当てやすい位置などがわかり、遊びの幅が広がっていく。友達の視点に立てるようになり、自己中心的な視点から脱却していく。ルールや向社会的行動の判断という点では、他律的な基準から自分で判断する自律的な判断へ移行しつつある。

 この年齢を援助する保育者は、子どもに相手がどのように感じているかなどを自ら伝え合う手助けをすることで、自力で問題解決できるような足場づくり(Scaffolding)をすることが、重要な役割となる。具体的には、問題の着目点に気づかせる、問題をスモールステップに分けてみせる、お互いの意見の違いはどこなのかなどを提示する、協力の仕方のモデリング行動をみせるなどが足場づくりとなる。

4節　幼児期のごっこ遊び

1．表象の世界の成立
　1歳半ころから大人の動作をまねるような延滞模倣による「ふり」が見られる。イメージ（表象）の世界が成立したことを示す。

　乳児期後期から幼児期にかけて、積み木をバスとして扱うような、あるいは泣き真似、食べるふり、寝たふりなどの人や物を見立てるという活動が現れる。これは乳児の心に本物についてのイメージ（表象）ができており、象徴する働きができていることを示している。

　さらに幼児期に「ままごと」「電車ごっこ」などの「ごっこ遊び」が見られるようになる。その中では砂がご飯に、縄が電車にというように現実の物とは異なった物でそれを代理する「ふり」が見られるが、それを「見立て」と呼ぶ。見立て遊びは象徴遊びとも言う。象徴機能とは意味するもの（砂）－意味されるもの（ご飯）という関係が認識できることであり、現実世界を別の表象世界に置き換えることができる能力であり、人の心の発達にとって決定的に重要なことである（無藤ほか，2009）。

2．ごっこ遊び
(1)　ごっこ遊びの発達
　2歳半から3歳ころになると「見立て」と「ふり」を組み合わせた「ごっこ」が出現する。あるテーマのもとに物語が作られ、役割が担われて遊びが進行する。初期のごっこ遊びは日常生活の再現であるが、5歳ころから空想の出来事・役割などが重要になってくる。

　ごっこ遊びには象徴機能の発達の他に役割概念の獲得、自己の行動のモニタリング、人の心の推察という「心の理論」、コミュニケーション能力などが必要である。またごっこ遊びの中で現実生活での願望を満たすことも情緒発達の上で重要である（無藤ほか，2009）。

話し手	話の相手	会話
A	BC	A「ぼくシェフね」→役割宣言
B	A	B「シェフって何?」
C	A	C「お料理する人でしょ?」
A	BC	A「そう、お料理つくりますー(歌うように)」
C	AB	C「ぼく食べる人!(と勢いよく手を挙げる)」→役割宣言
B	AC	B「じゃあ、(自分もという意味で、自分の胸を叩きながら)食べる人!」
A	BC	A「座っててくださいね。(しばらくして隣のコーナーからハンカチの入ったグラスを持ってきて)、はい、ジュース飲んでください。どれ好きですか?どうぞ。」
B	AC	「これ!(と赤いハンカチのグラスをとって、ごくごくと飲むふりをする」
C	AB	「うさぎさんにもあげましょう。(隣の椅子のうさぎに白いハンカチのグラスを選ぶ)」
A	C	「あっ、うさぎさんはカルピス飲めないです、もう持っていきますね(とグラスを回収しはじめる、Bも一緒に持っていく)」→役割の混同
C	B	「あっ!こぼれちゃった!(持っていくときにハンカチが落ちる)」
B	C	「もう!せっかく入れたのに!やりなおしだよ!(とハンカチを拾い集める)」→現実の世界に戻っている

図4　4歳児のごっこ遊び

(2) ごっこ遊びの世界

　ごっこ遊びには、主要な3つの構成要素がある。第一は、「遊びのなかの役割」である。子どもたちは、遊びのなかで役を本物になった「つもり」で演じる。子どもは本物がしていて、自分もやってみたい行動を中心に演じてみる。4歳児のごっこ遊びの例(図4)でA、Bはなりたい役を宣言している。ここにも現実と虚構の二重の意識が見られる。

　第二は「イメージの共有」である。役割、見立て、ストーリーなどが共有される必要がある。例えば、みんなが自分を「お母さん」と認めてくれること、みんなが紙切れを「お金」と見立てることなどである。

　第三は「遊びと自己の二重性」である。1歳すぎの子どもが母親とうれしそうに物のやりとりをしている中にも、物を渡す自分でありながら、同時に受け取る相手の態度を予想・予期する(「取り入れる」)自分でもあるという自分の心の原初的な二重性があるように思われる。より年長

になってからの「ごっこ遊び」にも、ある役割をまねながら、それに対する他者の反応をも自分の中に生じさせる（例えば、警官と泥棒）という二重性が典型的にみられる。遊びでは人は実生活ではなれないものになれる。

3．ごっこ遊びにおける虚構と現実
(1) 想像力と遊び

2歳頃から空想遊びが始まる。そこには言語化により仮想現実を立ち上げる能力、他者の体験をシミュレーションして物語る能力、それらを大人の援助によって発達させていくことなどが見られる。2歳過ぎから子どもは「想像上の仲間」を持ち始める。初めはそれを大人との会話の中でふくらませていくが、5歳過ぎからは他人には隠した秘密の世界として持つようになる。それは子どもの自我の支えともなる大切な機能を果たす。想像上の仲間の具体例として、2歳9か月のM子に現れた「S保育園のS先生」がある。それは母親の話から作り上げた想像上の人物である。S先生は歌を教えてくれたりした。S先生が出現してからお留守番ができたり、一人で寝ることができるようになった。「想像上の仲間」は「心の理論」とも密接に関連している。

4．子どもは役に成りきっているか？
(1) 虚構の世界

お芝居やお話の虚構の世界を5歳児は理解し、芝居を芝居として楽しむことができるが、4歳児では現実と虚構の意味がまだ十分明確に理解できず、芝居のぬいぐるみを見て「あっ、人が入ってるだけだ」と「現実主義者」になってしまう（岩田，1998）。

遊びでは独特の虚構の世界ができあがる。一方で現実であるかのように成りきっており、他方で嘘（虚構）だと分かっている。それに応じて保育指導でもごっこ遊びの外指導と内指導がなされる。外指導とは保育者がごっこ遊びの世界を嘘の世界であるとみなして、いわば外から客観的に批評するものである。内指導とは保育者もごっこ遊びの世界に一緒

に参加して、いわば内側から批評・注文をつけるものである。
- 外指導：「お買物したら、お金渡すんでしょ」
- 内指導：「お金払わないで買っちゃったの？　私にもただで売って」

(2) ごっこ遊びは単なる虚構ではない

　遊びは虚構すなわち見立てであり、現実とは全く異なる意味を付与している（例えば、石ころをお金に見立てる）が、嘘っことはいえ、実際の意味を完全に無視するわけではなく、ある程度は見立てを規定している。例えば、黒いお手玉で「黒ミカン」、仲良しを「赤ちゃん」役にするなど（河崎，1983）である。

(3) 現実（実際の意味）と虚構（仮の意味）の心理的融合

　ごっこ遊びでは現実の規定性も働いている（虚構に埋没しているわけではない）。従って、役に完全に「成りきっている」わけではない。なぜなら「うさぎ」に成りきっていたら、ライオンといっしょに遊べるわけがないからである。

(4) 融合と分化の相互移行

　4歳ころから、現実志向も強くなり、ごっこ遊びを中断して本当のケンカになったりする。遊びを計画するときや遊びに問題が生じたときなど現実志向がはっきり見られる。同時に現実と虚構を対立させて意識しつつ、「らしく」演じようという意識もある。「僕は（ホントは）○○なのだけれど今は（ウソッコで）ウサギになっているんだ」。現実と虚構の融合状態として一時的に役・虚構に没頭（我を忘れる）する。しかし現実へ抜け出ることができる（河崎，1983）。もし虚構に没頭したままだと、ウルトラマンやピカチュウなどになって本当に飛び降りてしまうことにもなる。
　このように幼児のごっこ遊びは単に思考や想像力の豊かな発達にとって大切な働きをするだけでなく、大人も含めた「自己」というものの成り立ちを考える上でも重要な働きといえる。まさに「自分作り」という

視点から、ごっこ遊びを分析することが必要である。

5節　保育者のかかわり

1．年齢に応じたかかわり
(1)　0歳児へのかかわり
　子どもたちが豊かな人間関係を築いていくために保育者には、子どもの年齢発達に沿ったタイミングよい働きかけを行うことが求められる。
　0歳児は、保育者との信頼関係と愛着を土台として、他児への興味や探索活動を行う。したがって、愛着形成のために安心して遊べる温かい受容的な環境を用意することが必要である。これには人的環境としての保育者も含まれる。
　保育者が子どもの働きかけに対して、応答的に応じることは、子どもが自信を持って環境を探索することや、新しい遊びに挑戦しようとする気持ちを育てる。階段のぼりや、柵につかまって立ち上がるとき、また息を弾ませながら歩いている姿に対して、臨機応変に言葉がけをしながら受容的に見守ることが、子どもを次の挑戦へ導くことになる。

(2)　1歳から3歳児へのかかわり
　1歳になると、保育者との関係をよりどころとしながらも、他児との関わりが少しずつ増えていく。保育者は、子どもが他児とかかわろうとしている機を捉えて、やり取りを媒介する役割を担うことになる。平行遊びをしながらも、ちらちらと横の子どもの遊びを見ている子どもがいたら、その子の気持ちになって「Aちゃんが、カップで砂を型抜きしているね、おもしろそうだね。一緒にやってみる？」と声をかけることが、子ども同士が一緒に遊び始めるきっかけとなる。
　2歳になると、自我が発達し自己主張の機会が増えるために子ども同士のいざこざが出現する。いざこざは、子どもが自分と他者は違うということや、ネガティブな感情を体験する機会でもある。いざこざを即座に止めようとはせずに、しばらく見守り、そのうえで双方の言い分をそ

れぞれの子どもへ丁寧に伝えることが大切である。この年齢では、解決策を自分たちで考えることは難しい。子どもたちは、保育者の「じゃあ、AちゃんとFちゃんの交代で使おうね。」など提案する姿をモデル行動として学び、年齢が上がるにつれて自分たちで解決できるようになっていく。

また、このころから発話が増え、他者へ言葉を使って伝えたいという欲求が増す。保育者が子どもの話をよく聞くことで、子どもは自分が承認されていると感じる。そして、大人から承認されたというその気持ちを土台にして、友達の話を真剣に聞く力が育ち、さらには友達を認めるという姿勢につながっていく。

3歳になると、気の合う友達との遊びを展開するようになる。仲の良い友達との間で仲間意識も芽生えてくる。このころには、保育者が意識的に友達の前で認められる機会や、友達を認める機会をつくることで、自尊感情や相手を尊重する気持ちが育っていくといえよう。このような体験によって、積極的に人間関係を作る基盤が養われていく。

(3) 4歳から5歳児へのかかわり

4歳には、さらに仲の良い友達との絆が深まる。「明日はFちゃんと、こういう遊びをしよう」と計画をたて、それを楽しみに登園してくるようになる。それだけに、その子が別の子どもとの遊びを展開してしまうと、寂しい気持ちを抱えてしまい、安心して活動をすることができなくなる子どももいる。そのような時には、保育者が別の遊びや友達に目を向けさせるによって、子どもは気持ちの切り替えや柔軟に状況へ対応することができる。このような柔軟性は、大人になって社会のなかで生きていくために大切な力のひとつとなる。

5歳になると、より多くの集団のなかで連帯感や、それぞれの役割を意識しながら協力をし、やり遂げた喜びを仲間と共有する気持ちを味わうことができるようになってくる。より集団を意識して、みんなが気持ちよく遊ぶためにはルールを守ることが必要であるという規範意識が芽生え、自分たちでルールを作る姿も見られる。また、たとえばお遊戯会

で誰もしたがらない役であっても、劇が成り立つためには誰かがしなければならないと思って、自分の気持ちを抑えてその役を引き受けるなど集団を意識した向社会的行動もみられるようになってくる。この年齢では、保育者が集団を意識させながらも一人ひとりの気持ちや個性をすくいあげることが必要である。それによって、個別の発達が集団のなかで醸成されて伸びていくことにつながるからである。

2．保育の環境

　ここでは子どもの発達を伸ばす環境を設定するために、留意することを述べたい。まず、遊びや主活動においては「発達の最近接領域（Zone of proximal development）」を意識することが大切である。ヴィゴツキーは、発達の水準には、子どもがひとりで出来る水準と、年長の子どもや大人の手を借りることで出来る水準があるとした。このふたつの水準の間を「発達の最近接領域」という。自らの位置よりも少し難しい水準の課題や活動を用意することで、子どもはこの２つの水準の間をはじめは年長者の手を借りながら、ついには自ら埋めることができるようになる（Vygotsky, 1978）。保育者は、自ら埋めるための援助をするために「足場づくり（Scaffolding）」のような工夫を課題や活動に含ませることが必要である。

　つぎに、豊かな環境を整えることである。ローゼンツヴァイクは図５のように２つの異なる環境のネズミの脳の発達を１か月後に調べた（Rosenzweig et al., 1962）。その結果、ある程度の広さのなかで遊具があり、仲間と遊べる環境のネズミの脳の方が発達をしていた。

　最後に、子どもが能動的に遊びに関わる環境を整えることの大切さについて述べたい。ヘルドらの実験は発達初期の能動的経験の重要性を示している（Held, R., & Hein, A., 1963）。図６のように２匹のネコは、縦縞模様しか見ることができない点は同一環境ではあるが、１匹のネコはゴンドラに乗って自ら歩かなくてもよい環境にあり、もう１匹は自ら歩くことができる環境にある。しばらく、この装置に乗せ続けた後に、２匹の視覚と運動の協応能力を測定したところ、自ら歩いていたネコは、

図5　ローゼンツヴァイクの実験

図6　ヘルドらの実験
（能動的経験と受動的経験では、視覚と運動の協応が違ってくる）

段差をまたぐことや、四肢を踏ん張ることができたが、ゴンドラのネコはできなかった。視覚経験と移動距離は同じであったにもかかわらず、環境への適応に差がでた。このことから、ハイハイや拙い歩行の過程であっても、バギーに乗せるだけではなく、自ら能動的に探索行動ができる環境を整えることが大切である。

参考文献・引用文献

遠藤利彦（2016）．非認知的な能力の源にあるアタッチメント　げ・ん・き，No.158，2-14．エイデル研究所

Fantz, R.L.(1961). The origin of form perception. Scientific American, 204, 66-72.

Flavell, J.H., Green, F.L., & Flavell, E.R.(1986). Development of knowledge about the appearance-reality distinction. Monographs of the Society for Research in Child Development, 51, No.212

Frith, U. (1989). Autism: Explaining the Enigma. Second Edition, Blackwell Publishing, Oxford: United Kingdom, 富田真紀・清水康夫・鈴木玲子（訳）（2009）．新訂版　自閉症の謎を解き明かす　東京書籍

Heckman, J.J.(2008). Schools, Skills, and Synapses. Economic Inquiry, 46(3), 289-324.

Heckman, J.J., & Rubinstein, Y.(2001). The importance of noncognitive skills: Lessons from the GED testing program. American Economic Review, 145-149.

Held, R., & Hein, A.,(1963). Movement-produced stimulation in the development of visually guided behavior, Journal of comparative and physiological psychology, 56, 872-876.

岩田純一（1998）．〈わたし〉の世界の成り立ち．田島信元・無藤隆（編）認識と文化8　金子書房

河崎道夫（1983）．子どものあそびと発達　ひとなる書房

Kuhl, P.K., Tsao, F.M. & Liu, H.M.(2003). Foreign-language experience in infancy: Effects of short-term exposure and social interaction on phonetic learning. Proceeding of the National Academy of Sciences of the United States of America, 100, 9096-9101.

鯨岡峻（1999）．関係発達論の展開——初期「子ども‐養育者」関係の発達的変容　ミネルヴァ書房

Lewis, M.(1982). The social network systems model: Toward a theory of school development. In Field, T.M., Huston, A., Quay, H.C., Troll, L. & Finely, G.E.(Eds.) Review of human development. New York: John Wiley and sons.

無藤隆・岡本裕子・大坪治彦（編）（2009）．よくわかる発達心理学第2版　ミネルヴァ書房

OECD. (2015). Skills for Social Progress: The power of social and emotional skills, OECD publications

Parten, M.B.(1932). Social Participation among Pre-School Children. Journal of Abnomal and Social Psychology, 27, 243-269.

Repacholi, B.M., & Gopnik, A.(1997). Early Reasoning About Desires : Evidence From 14-and 18-Month-olds. Developmental Psychology, vol 33, No.1, 12-21.

Rosenzweig, M.R., Krech, D., Bennett, B.L., & Diamond, M.C.(1962). Effects of environmental complexity and training on brain chemistry and anatomy : A replication and extension. Journal of Camparative and Physiological Psychology, 55(4). 429-437.

高橋たまき（1984）．乳幼児の遊び——その発達とプロセス　新曜社

高橋たまき・中沢和子・森上史朗（1996）．遊びの発達学展開編　培風館

Trevarthen, C.(1979). Communication and cooperation in early infancy:a description of primary inter subjectivity. In M.Bullowa（Ed.),Before Speech. Cambridge: Cambridge University Press. 鯨岡峻・鯨岡和子（訳）（1989）．母と子のあいだ——初期コミュニケーションの発達　ミネルヴァ書房，69-100.

Vygotsky, L.(1978) Mind in Society. Cambridge, MA: Harvard University Press.

Wallon, H.(1949). Les origines du caractere chez l'enfant, Paris, P. U. F.（久保田正人（訳）（1970）．児童における性格の起源　明治図書）

コラム 7　人と関わりのなかで育まれる非認知的な能力

　昨今「非認知的な能力（non-cognitive abilities）」が注目されている。そのきっかけとなったのは、ヘックマン（Heckman）ら（2001, 2008）による幼児期に教育的投資をして非認知的な能力を培うことが、40歳の時点での人生の豊かさにつながっているという縦断的な研究結果による。この能力が何であるのかについては、研究が始まったばかりであるが、「友達と協力して作業をする」「自分の力でやり遂げる」「自分の気持ちをコントロールする」などの人との関わりのなかで育まれる力が含まれると考えられており、OECD（2015）の示す社会情緒的な能力と重なると考えられている。

　また、この力を能力という「できる・できない」という意味合いとはとらえずに、個々の子どもの持つ「心の特徴（コンピテンス:competence）」と捉える見方もある（遠藤, 2016）。

　子どもの発達において、どこまでが非認知的な能力であり、どこまでが認知能力であると区別して考えることはできない。発達とは、認知能力と非認知的な能力の相互作用で進んでいくからである。たとえば、音楽会の時に、「この音がド、この音がレ」というピアニカの鍵盤と音の対応や、歌詞の記憶などの力は認知能力とともに、クラスの皆で歌う楽しさや意欲、連帯感という非認知的な力があるからこそ、弾きたいという気持ちが湧きあがり、何度も挑戦して弾けるようになるのであろう。

　認知的学習のひとつである言語学習においても、人と関わりのなかでの学びの大切さが示されている。母国語ではない言語の音韻を、9か月児に人が教える条件と、映像（同一人物が登場し、話す内容も同じ）を見て学習する条件での学習効果を調べたところ、人が教える条件の方の効果が高かった（Kuhl, Tsao, & Liu, 2003）。

　人との関わりのなかで育まれる非認知的な能力が注目される現在において、子どもの発達を支える人的資源としての保育者の役割は、ますます重要になってきているといえよう。

　＊平成30年施行の新しい保育所保育指針、幼稚園教育要領、幼保連携型認定こども園教育保育要領においても「非認知的な能力」とみられる力の育成が強調されている。

トピックス3　子どもの理解と援助——運動発達と遊びの援助

　子どもの遊びは運動発達と密接に関わっている。子どもの主体的な遊びを支えるためにも、保育者は子どもの発達に応じた運動発達をよく理解している必要がある。図1はシャーレイによる運動発達の順序である。図2のように頭部から尾部（b方向）、中軸部から末梢部（a方向）への方向に発達していく。「頭部から尾部」は、4か月頃に頸が座ると、胸を持ち上げることができるようになり、腰を使って寝返りが打てるようになって、坐位ができるようになる。次第に脚を使って立ち、足首や足指を使って歩くことができるようになる。「中軸部から末梢部」は肩から腕を動かす動きになり、次第に手首から手先を動かすような細かい動きへ発達していく。たとえば、積み木をつかむときにも生後28週頃は、手のひら全体で握っていたのが、36週頃になると指でつかむようになり、52週には指でつまむことができるようになるように、発達の箇所が末梢部に移行し、細かい動きができるようになっていく。

図1　運動発達の順序（シャーレイ，1931より作成）

図2　発達の方向

表1　1〜5歳の運動発達

1歳	2歳	3歳	4歳	5歳
一人で立って歩く、階段を這って登る、低い台から下りる、しゃがむことができる、頭が大きいので高いところからは頭から落ちやすい、しきいをまたぐ、両足でぴょんぴょん跳ぶ	走れる、ぶらさがれる、一人で階段の登り降りができる、片足跳びをする、物を投げる、足を伸ばしたまま蹴る、小さな物をつまんで容器に入れる、ジャンプができる、蓋の開け閉めができる	足を交互に出して階段を登る、ボールを腕だけで投げる、ボールを腕で抱え込んで受ける、ブランコに立って乗る、足を後ろに曲げて蹴る、かかと歩きができる、片足で立てる	スキップする、片足でケンケンする、でんぐり返しをする、手足を協働して走ることができる、しゃがんで立つ、ケンケンパーが繰り返しできる	幅10センチ程度の平均台の上を歩く、足の振りを大きくしてボールを蹴る、スピードを出して走る、友達の動きと上手に合わせて動くことができる

表 1 は、1 歳以降の運動発達である。おおよその発達過程を知ることが、子どもの遊びを豊かにかつ安全に支えることにつながる。保育者が教授するのではなく、子ども自身が主体的に能動的に遊びに取り組むことが大切である。主体的に取り組んでこそ、その中から学んだことが身についていくといえよう。

　ここで興味深い研究を紹介しよう。2008 年度に全国 12000 名の幼児を対象に運動能力の調査をしたところ、運動指導を行っていない園の方が行っている園よりも高く、一斉保育中心の園よりも自由遊びを導入している園の方が高かった（森ら，2010）。このことは、子どもが受け身で体を動かしているよりも、能動的に動いているときの方が発達を促すことを示している。では、自由遊びが子どもの発達を促すのだとしたら保育者の役割は何なのであろうか。河邉（2014）は、子どもが「遊びの中で目指していることや体験していることを十分に読み取り、そのうえで子どもの自発性や達成感を重視し、どう足場をかけるか」を考えることだと述べている。

　保育者は、個々の子どもが昨日まで何の遊びにトライしていて、今度は何をしようとしていて、何の壁にぶつかっているかを把握していなければならない。たとえば、4 歳 A は昨日から大縄跳びを飛び続けることにチャレンジしているがうまくいかない。そのようなときに、A が明日も同じ方法でチャレンジしたのでは、できそうもなくて自信をなくしてしまうそうだと感じたのであれば、跳ぶときに掛け声をかける、年長児と手をつないで一緒に飛ぶ、保育者の姿を真似しながら飛ぶなどその子にあった方法を考えて、遊びを広げ、挑戦する気持ちや自信を育てることが大切である。4 歳は平均台を一人で渡るのがまだ難しいが、バランス感覚が育つ時期であるから、最初は保育者が手をつないで渡っていても、子どもによっては手を離して歩けるようになる場合もある。このように発達の最近接領域を意識した関わりが、時には必要である。臨機応変にその子の発達に合った関わりを差し出せるためには、子どもの姿を日ごろからよく見ていて援助方法を考えていることが肝要である。

※参考・引用文献

河邉貴子（2014）．幼児教育に求められる「遊びの質」とは何か　これからの幼児教育, p.4.
森司朗　他（2010）．幼児の運動能力における時代推移と発達促進のための実践的介入　平成 20 〜 22 年度文部科学省科学研究費補助金（基盤研究 B）研究成果報告書
Shirley, M.M. (1931). The first 2 years: A study of twenty-five babies, Minneapolis: University of Minnesota Press.

第8章 思いやりの心を育む

1節　道徳性の発達

1．思いやりの心の大切さ

　「転んで泣いている子どものことを心配して慰める」「試合に負けて落ち込んでいる友達を励ます」「電車で、高齢者の方に席を譲る」「友人が恋人に振られて悲しんでいる時に、夜通し話を聞いてあげる」など、人はその時々で他の人の気持ちに寄り添い支えになる。この様な心の動きは、私たちの生活を円滑に進める上で、非常に重要な要素となる。そのため、思いやりのある子どもに育ってほしいと多くの保護者、保育者は願っている。それでは、思いやりの心は、どのように発達しているのだろうか？　これらの能力の発達については「道徳性」「共感性」「向社会的行動」がキーワードとして研究が積み重ねられている。

2．道徳性の理論

　私たちが生活する社会には守るべきルールが存在する。例えば、「空き缶を路上に捨ててはいけない」といった日常生活の暗黙のルールもあれば、「店頭の商品を盗んではいけない」といった法律で規制されているルールもある。ただし、道徳性やルールを認識していても、生活している中で、人は多くの決断を強いられる。例えば、授業に遅れそうなとき、走ってはいけない廊下を走ることもあるかもしれないし、急いでいる時に法定速度以上の速度で車を走らせる時もあるだろう。また、友達との約束時間を守らないといけないと懸命に取り組む人もいれば、約束を破ることに罪悪感を覚えず、取り組まない人もいる。

　このようなとき、人はどのような基準でルールを守り、または破っているのだろうか。このような思考は、「道徳性・規範意識の芽生え」と

表現され、幼稚園教育要領（2017年3月告示）、保育所保育指針（2017年3月告示）においても育てるべき能力の一つとして挙げられている。

この「道徳性」を研究した初期の研究者としてピアジェ（Piaget, 1932）、コールバーグ（Kohlberg, L., 1969）が挙げられる。そこでまず、この2名の研究者の理論を説明し、近年の視点を解説する。

(1) ピアジェの道徳性

ピアジェは、道徳性は加齢とともに一定の段階を経ながら発達することを仮定し、他律的道徳性の段階（大人が決めた規則への絶対的服従）から自律的道徳性の段階（規則を尊重しつつ、仲間との合意を得ながら規則を修正することが出来る）へと変化することを指摘した。それを証明するために、子どもに複数の物語を聞かせ、その反応から道徳性の発達の過程を明らかにしようとした。例えば、①「ジョンという少年が、部屋に入ろうとドアを開ける。開けたドアに椅子があたり、椅子の上に置かれた15個のコップすべてが割れてしまう。」といった悪意がないにもかかわらず、大きな損害をもたらした場合と、②「アンリという少年が、お母さんの留守中に、棚のジャムを取ろうとする。何とか取ろうと、椅子を使うなど試行錯誤するが、その間に1個のコップが割れてしまう。」といった損害は少ないが、悪意がある場合である。このような話を聞かせた後に、「この2人の子どもは同じくらい悪いのか」、「どちらの子が悪いか」、「そのように考える理由は」という質問をした。

その結果、6～7歳までの子どもは、損害の大きさを判断基準とし、15個のコップを割った子どもの方を悪いと判断する傾向が示された。この段階は、人間の行為は意図や行為ではなく、結果で評価するため、大人や規則などの他者の評価を基準とした道徳性であるとされた。その後、9歳ぐらいになると、損失の大きさよりも、行為の意図に注目するようになり、お母さんのいないうちにジャムを取ろうとしたアンリを悪いと判断するようになる。このようなことから、子どもの動機や意図を考えるようになり、平等や公平の原則、相互関係を大切にしながら、自律的な道徳判断が可能になるとした。

表1　コールバーグの道徳的判断段階（Kohlberg, L., 1969）

Ⅰ．前道徳水準（自己の行為の結果を重んじる） 　第一段階：罰と服従の段階 　　罰や苦痛を回避するために規則や権威に従う。そのため、罰や行為で善悪が決められる。 　第二段階：道具主義的な相対主義志向 　　公平さや互恵性は理解できるが、自分や他者の要求を満足させる行為が正しいと判断する。
Ⅱ．慣習的役割遵守の水準（周囲の期待や慣習的方法を重んじる） 　第三段階：罰と服従の段階 　　他者を喜ばせたり、それを助けたり、他者から承認されることが正しい行為と判断する。 　第四段階：「法と秩序」志向 　　法や権威を尊重し、義務を果たして集団や社会に役立つことが正しいと判断する。
Ⅲ．自己受容された道徳原理の水準（抽象的な道徳的価値や自己の良心を重んじる） 　第五段階：社会的契約法的な志向 　　価値の相対性を意識し、社会全体が同意するような基準によって決められる。 　第六段階：普遍的な倫理的原理志向 　　人間の尊前性を認め、すべての人間が従うべき普遍的な倫理的原則に従う。

(2) コールバーグの道徳性

　コールバーグ（Kohlberg, L., 1969）は、ピアジェの考えを拡大し、道徳性の発達として、表1のような3水準、6段階の発達段階を提唱した。前道徳的水準では、自分の行為に注目し、自分の行動により罰が与えられるかどうか、他者の要求に応えることができるかが判断基準となっている。続いて慣習的役割水準では、周囲の期待や自らの所属する社会のルールに基づいて判断がされる。最後の自己受容された道徳原理の水準では、どんな状況でもどんな人にでも当てはまる普遍的な原則を基に判断がなされるとした。

　そして、コールバーグは、道徳性の発達は、子どもが成長する中で社会と関わり、社会的役割を経験しながら発達するものとした。加えて、幼児でも社会環境を理解し、自分たちの行動が持つ道徳的な意義を省みるための能力を持っていると論じ（Heyman, & Lee, 2012/2017）、幼児期から道徳的判断が行えるとした。

3．近年の研究

　ピアジェやコールバーグは、発達の段階を示し、どのような道筋で発達していくのかを明らかにした。それに対し、近年は、どのような文化・環境で育ったのかによる発達の違いや個人差について検討されている。例えば、ヘイマン・板倉・リー（Heyman, Itakura, & Lee, 2011）では、アメリカの子どもたちは、クラスメイトを前にしたとき、自らの良い行いを認められるのを好むことが示されている。一方で、7歳から11歳までの日本の子どもは、クラスメイトを前にした時、自分の良い行いを正直に認められるのを好まないことを示した。また、中国の子どもは、「影のヒーロー」になり、自分の達成や向社会的行動が公に知らせることを避けることが示されるなど（Lee Cameron Xu, Fu, & Board, 1997）、自らの成果を示すことが推奨される欧米文化と異なることに言及されている。このことは、道徳性の形成には、子どもの育つ環境が大きく作用していることを示しており、子育て環境を想定した関わりが必要となる。

　加えて、クレブスとデントン（Krebs, & Denton, 2005）は、思考と行動の違いについても言及している。彼らは、「人びとが何を言うかよりも、何を行うかの方が、より道徳性を明らかにする」と述べ、道徳的な思考（発言）をしたとしても、それが実際に行動に移せるか否かに注目するべきだと主張している。例えば、「落とし物をして困っている人にどのように関わりますか」と質問した場合、「一緒に探した方が良い」と答えることは簡単だが、実際に落とし物をして困っている人に遭遇した場合、行動に移すことは容易ではない。

　そのため、道徳性の判断を育てることと合わせて、実際にどのような行動に移せるかの研究も必要となってくる。

2節　向社会的行動

1．向社会的行動とは

　道徳的行動には、「～をしない」といった誘惑への抵抗の側面（宿題

忘れをしない）と「良いことをする」といった他者志向が存在する。この他者志向の視点は、「困っている人を助ける」「泣いている人を励ます」といった行動を意味しており、心理学では向社会的行動（prosocial behavior）と呼ばれる。向社会的行動の中でも、外的報酬などのお返しを他者に期待しない自発的な行動を援助行動と呼ばれる。さらに、外的報酬のみならず、内的報酬も期待せず、自己犠牲の上になされる行動を愛他的行動（altruistic behavior）と定義されている（浜崎，1997）。

2．向社会的行動の発達

　向社会的行動は、実に様々な要因を含んで現れる。例えば、助けを必要とした人に出会った場合、自分一人がいるのか、回りに人がいるのか、困っている人が親しいのか、そうでないのか、男性なのか、女性なのか、年配なのか、子どもなのかなど、場面や相手の要因によって行動が左右される場合が多い。また、お金やお菓子、称賛などの物質的、社会的報酬を得るために行動する場合や、他者の傷つきや痛みを悲しみに対する心痛により行動する場合もある。

　このような様々な環境要因はあるものの、向社会的行動が一般的にどのように発達を遂げていくのかを研究したのがアイゼンバーグ（Eisenberg，1986）である。アイゼンバーグは、自己の要求と他者の要求が対立するような場面での道徳的判断の研究を行い、どのような発達を遂げるかの段階を示している（表2）。アイゼンバーグは、低いレベルの段階では、「自分に利益があるかどうか」や、「援助する相手が好きな相手かどうか」といった観点から判断を行うが、次第に「相手の要求や相手からの承認に関心を払い、向社会的行動の判断が行われる」としている。その後、「内面化された価値観や規範に従って向社会的行動の判断が行われるようになる」としている。このように、自分の視点での行動から、他者の視点を考慮するようになり、最終的に、自己・他者の視点を含めて形成された価値観や規範といった道徳性に基づいて行動するようになることを示している。

表2　アイゼンバーグの向社会的道徳的判断段階（Eisenberg, N., 1986）

レベル1：快楽主義的・自己焦点的志向（就学前児、小学校低学年で優勢）
　道徳的な考慮よりも、自己に向けられた結果に関心をもっている。自分に見返りがあるか、好きな相手かどうかといった考慮で援助をするかしないかを決める。
レベル2：他者の要求に目を向けた志向（就学前児、多くの小学生で優勢）
　他者の身体的、物質的、心理的要求に関心を示す。
レベル3：対人的志向、あるいはステレオタイプの思考（小学生の一部、中・高校生で優勢）
　良い人、悪い人、善い行動、悪い行動についてのステレオタイプのイメージを持ち、他者からの承認や受容を考慮する。
レベル4a：自己反省的な共感的思考（小学校高学年の少数、多くの中・高校生で優勢）
　自己反省的な同情的応答、役割取得、他者の人間性への配慮も含む
レベル4b：移行段階（中・高校生のとそれ以上の年齢で優勢）
　援助する／しない理由は、内面化された価値や規範、義務及び責任を含んでいる。社会の条件あるいは他人の権利や尊厳を守る必要性に不明確ながら言及する。
レベル5：強く内面化された段階（中・高校生のごく少数で優勢、小学生には全く見られず）
　レベル4bの理由に明確に言及する。自分自身の価値や受容した規範に従って生きることにより、自尊心を保つことに関わるプラス、マイナスの感情も特徴である。

3．幼児の向社会的行動

　アイゼンバーグの発達段階では、幼児は、レベル2以下の場合が多いとされているが、もっと早くから向社会的行動が見られるとの研究は多い。日本においても、アイゼンクの向社会的道徳性の段階の妥当性は示されているが、幼児の向社会的行動については、レベル1に基づく判断を示す幼児は少なく、レベル2に基づいて判断する幼児が多いことが明らかにされている（宗方・二宮，1985）。また、レベル4aの「共感的志向」に基づいて行動する幼児が30％を占めていることも示されている。

　その他にも、金子・浜崎（Kaneko, R. & Hamazaki, T., 1987）では、1～2歳の子どもが泣いている他児をあやしたり、自分の持ち物を与えることを示している。また3歳以降になると、他者がどのように考え、どのような気持ちであるかを理解する能力や困っている心情の理解や苦痛感情を共有する共感性も発達するとしている。このような相手の立場からの視点や他者の感情を共有することにより、向社会的な行動が促進されていることが示されている。

　以上のことから、幼児は早期に向社会的心性を身に付けており、共感

能力の発達により、向社会的行動が早い段階から導かれると推測することが出来る。そこで、以下には共感性の発達について詳しく説明する。

3節　共感性

1．共感性の発達

ここまで、何度も「共感性」という言葉を使用してきたが、心理学的にも様々な捉え方がされている。その中でも、役割取得と共感性という2つの視点から捉えることが出来る。

役割取得とは、「自分を他者の立場において考え、他者の志向や感情状態を推測すること」とされており、他者の感情を理解することを意味している。例えば、「あの人は、今悲しんでいる」といったようなことを理解することである。この「役割取得」が高まることで、相手の気持ちをより理解することが出来るため、より高いレベルの向社会的行動に繋がると考えられている。

一方、共感性とは、「他者の感情的な状態の理解から発生し、他者が経験している感情と類似した感情を体験すること（Eisenberg et al., 1991；板倉・開，2015）」とされており、自らの感情を変化させることを意味している。似た用語として同情があるが、同情は、「他者の幸福・福利に対する関心」とされ、必ずしも他者と同じ感情を体験する訳ではないとされ区別されている（板倉・開，2015）。高い「共感性」は、他者の苦悩や苦痛を自らが感じるため、自己中心的な思考の減少や、向社会的行動への意識の向上、他者への攻撃行動の抑制など、道徳的な推論を生むとされている（Eisenberg & Eggum, 2009）。

2．乳児における共感性

共感性の発達について研究を行ったホフマン（Hoffman, 2000）は、共感の発達を以下のように記述している（板倉・開，2015）。

人間の共感性は、「原始的共感反応」と呼ばれる、新生児が他児の泣き声を聞くと自分も泣いてしまうという行動がその萌芽とされている。

その後、生後1年目の終わり頃、「自己中心的共感ディストレス」と呼ばれる時期に差し掛かる。この頃は、自他の区別が発達しはじめ、他者の苦悩や苦痛に気づき始める。しかしこの時期は、他者の気持ちを理解しつつも、自分への視点が中心となり、自分の慰めを求めることが中心となるため、自分から他者を助けようとする行動は見られない。

　それを過ぎると、徐々に他者に積極的に働きかけるようになる。具体的には、13～14か月児は、悲しんでいる子どもに近づいて慰めるような行動がみられ、18か月になると、壊れているおもちゃを持っている子どもに、新しいおもちゃをあげたり、けがをした人に絆創膏をあげたりと苦悩に適切な援助が出来るようになる（板倉・開，2015）。この時期は、「疑似的自己中心的共感ディストレス」と呼ばれ、他者の苦悩に適切に対応できるようにはなるが、自分と他者の感情の区別が明確についていない。

　生後2年頃になると、他者の感情・視点が、自分のものと異なることが分かるようになり、「真のディストレス」と呼ばれる時期となる。この時期の子どもは、自己中心的でなく、適切なやり方で他者の苦悩に適切なやり方で反応できるようになる。この時、実際にストレスを感じている人に対してのみしか共感することが出来ないが、成長に伴い、テレビで見る人や「裕福でない人」「不幸が続く人」といった一般的な状況にある人に対しても共感的な反応を示すようになる（Eisenberg, Losoya, & Spinrad, 2003）。

4節　近年の研究

1．共感性の萌芽

　近年の研究では、前言語期にある乳児が、他者の行動を評価し、向社会的に振る舞う人物を好むことも示されている（Hamlin & Wynn, 2011）。具体的には、他者に対して善い行いをする人を好むことや、善い行いの人を助ける人を好み、悪い行いをする人に罰をあたえることを好むことも報告されている（Hamlin et al., 2011）。例えば、人が坂を

登り、その人が頂上に達する直前で、別の人が邪魔をするストーリーと援助するストーリーのアニメーションを乳児に見せる実験が行われていた。その結果、いずれの乳児も邪魔をする人よりも手助けをする人を好み、この傾向は生後3か月の乳児においても確認されている（Dunfield & Kuhlmeier, 2010）。

また、鹿子木ら（Kanalogi, Okumura, Inoue, Kitazaki, & Itakura, 2013）は、○、□といった幾何学的図形を用いたアニメーションを提示し、その反応を測定した。具体的には、生後10か月児に、○が□を追跡し、追突する映像を見せる。その後、アニメーションの図形に対応した○、□の実物模型を提示し、参加児がどちらを選択するよう求めた。その結果、参加児は、被攻撃側の物体を選択し、物体の相互作用の仕方に基づいて、被攻撃型の物体を好むと考えられる。

この様に、乳児は極めて早い時期から自発的に他者を援助する傾向があり、他者の意図や行動を理解する能力が備わっていると考えられる。

2．自閉スペクトラム症の共感性

自閉スペクトラム症（autism spectrum disorder: ASD）の社会的困難の診断基準の一つには、対人的・情緒的関係における困難と興味・情動・感情の共有の少なさが特徴とされている。そのためASD者は共感に困難を示すと考えられ、多くの研究が積み重なれている（浅田・熊谷, 2015）。

ただし、近年では、「自分と似た身体特徴や認知特徴を持つ者には共感しやすいがそうでなければ共感しにくい」と仮定した類似性仮説が提唱され、ASD者においても同様の視点で実証的研究が行われている（Komeda et al., 2013）。米田ら（Komeda et al., 2013）は、ASD者と定型発達者にASD的傾向とASD的ではない傾向に関わる文章を読ませ、その後、文章の内容を思い出してもらうといった実験を行った。その結果、ASD者はASD的傾向に関わる文章を思い出しやすく、反対に定型発達の者は、ASD的ではない傾向の文章を思い出しやすいことが示された。この様に、共感性が発揮されにくいとされていたASD者の共

感性の発揮しやすい状況の存在が指摘されるなど、個々人の思考のスタイルによって、共感のしやすさに影響が出ることも示唆された。

5節　思いやりの心を育むために

　子どもは、自分の人生の中で、重要な意味をもつ人物の行動を取り入れていく。その中でも、親の影響は大きな影響を受け、善悪に関わらず、親の言葉や何気ないしぐさ、態度、行動が模倣され、親の価値観を受け入れていく。例えば、共感的で温かい援助をする親の子どもは、他児に対して思いやりの行為をする割合が高いことが示されている（Zahn-Waxler, et al., 1979）。

　特に、親の思いやり行動と言葉の影響は強く、行動と言葉が一致しない場合、子どもは非常に負担がかかることも指摘されている。例えば、人に優しくしなさいという親が、他者に冷たく接していたり、友だちと仲良くしなさいという保育者が、他の保育者と喧嘩をしていたりすると、子どもは何を信用していいか分からず混乱してしまう。特に幼児期は、共感性と向社会的行動が結びつきやすい時期とされ（浜崎, 1997）、矛盾したメッセージを頻繁に受け取る子どもの思いやりは育ち難いとされている。

　また、アイゼンバーグの理論では、年齢が上がるにつれて、より高次の向社会的判断・行動が出来るようになると考えられている。そのため向社会的行動の志向を成長させる関わりが必要となる。例えば、子どもが友だちとぶつかって転んで泣いてしまったとき、「あなたがぶつかったから、○○ちゃんは、転んで泣いているんだよ」と子どもの行為の結果を伝えたり、「○○ちゃんは痛く、悲しくて泣いているんだよ」といったように、相手の感情状態を強調し伝えるといった「誘導的しつけ」を取る家庭の子どもは、向社会的行動を多く行うことが示されている（Eisenberg, 1995）。アイゼンバーグの段階から考えると、これらの関わりは、他者の視点を理解するために必要な関わりであり、より高いレベルの向社会的行動を導く。このように、次のレベルに必要な能力を

想定しつつ、関わっていることが必要となる。

参考文献・引用文献

浅田晃佑・熊谷晋一郎（2015）．発達障害と共感性――自閉スペクトラム症を中心とした研究動向　心理学評論, 58, 3, 379-388.

Dunfield, K. A., & Kuhlmerer, V. A.(2010)．Intentionmediated selective halping in infancy. Psychological Science, 21, 523-527.

Eisenberg, N.(1995)．The caring child. Harvard University Press.（二宮克美・首藤敏元・宗方比佐子（訳）　思いやりのある子どもたち――向社会的行動の発達心理学　北大路書房）

Eisenberg, N., Shea, D.L., Carlo, G., & Knight, G.P.(1991)．Empathy-related responding and cognition : a chicken and the egg dilemma, in W.M. Kurtines (Ed.), Handbook of moral behavior and development. Hilsdale, Erlbaum, 2 : resesach, pp.63-88.

Eisenberg, N., & Spinrad, T.(2003)．Empathic responding : sympathy and personal distress. In J. Decety & W. Ickes(Eds.), The social neuroscience of empathy, Cambridge MIT press, pp.71-83.

Eisenberg, N., & Eggum, N.D.(2009)．Empathic responding : sympathy and personal distress. In J. Decety & W. Ickes(Eds.) The social neuroscience of empathy, Cambridge MIT press. pp.71-83.

浜崎隆司（1997）．道徳性と向社会的行動の発達　平井誠也（編）　発達心理学要論　北大路書房　pp.167-178.

Hamlin, J.K. & Wynn, K.(2011)．Young infants prefer prosocial to antisocial others. Cognitive Development, 26, 30-39.

Hamlin, J.K. Wynn, K., Bloom, P., & Mahajan, N.(2011)．How infants and toddlers react to antisocial others. Proceedings of National Academy of Sciences of the United States of the America, 108, 19931-19936.

Heyman, G.D., Itakura, S., & Lee, K.(2011)．Japanese and American children's reasoning about accepting credit for prosocial behavior. Social Development, 20, 171-184.

Heyman, G.D., & Lee, K.(2012)．Chapter11 in Slater, M, A. & Quinn, C. P. Developmental Psychology:Revisiting the Classic Studies.（水野君平（訳）（2017）．Chapter11 道徳性の発達――コールバーグの段階再訪，加藤弘通・川田学・伊藤崇（2017）．発達心理学・再入門――ブレークスルーを生んだ14の研究　新

潮社，pp.201-214.）

Hoffman, M.L.（2000）. Empathy and moral development : Implications for caring and justice.（菊池章夫・二宮克美（訳）（2001）. 共感と道徳性の発達心理学　川島書店）

板倉昭二・開一夫（2015）. 乳児における共感の発達――その認知基盤と神経基盤　心理学評論, 58, 3, 345-356.

Kaneko, R., & Hamazaki, T.（1987）. Prosocial behavior manifestation of young children in an orphanage. Psychologia-An International Journal of Psycology in the Orient, 20, 235-242.

Kohlberg, L.（1969）. Stage and sequence. : The cognitive developmental approach to socialization. In D. Goslin（Ed.）Handbook of socialization theory and research. Chicago.

Komeda, H., Kosaka, H., Saito, D. N., Inohara, K., Munesue, T., Ishitobi, M., Sato, M., & Okazawa, H.（2013）. Episodic memory retrieval for story characters in High-functioning autism. Molecular Autism, 4, 20.

Krebs, D. L., & Denton, K.（2005）. Toward a more pragmatic approach to morality: a critical evaluation of Kohlberg's model. Psychological Review, 112, 629-649.

Lee, K., Cameron, C. A., Xu, F., Fu, G., & Board, J.（1997）. Chinese and Canadian children's evaluations of lying and truth-telling. Child Development, 64, 924-934.

宗方比佐子・二宮克美（1985）. プロソーシャルな道徳判断　教育心理学研究, 33, 157-164.

Piaget, J.（1930）. Le jugement moral chez l'enfant.（大伴茂（訳）（1957）. 児童道徳判断の発達臨床児童心理学Ⅲ　同文書院）

コラム8　子どもに共感するための大人の視点

　子どもの向社会的行動を高めるために、大人は子どもへ共感してくことが必要である。しかし、言葉で言うほど簡単ではない。

　以下に出てくるのは、「ひこうせん」という子どものつぶやきを集めた本に出てくるある日の親子の会話である。

> 子ども：「今日は何の本を読んでくれるの？」
> お父さん：「今日は、ジャックと豆の木だよ！」
> 子ども：「やったー!!!!!!!!（いつもより、喜んだ。）」

　みなさんは、この会話を聞いて、どうして子どもがいつもより喜んだのだと思うだろうか？

　この問題を提示すると、「ジャックと豆の木が好きな話だった。」「お父さんが読んでくれるのが嬉しかった。」「初めて読んでもらえる本だった。」「豆が好き」など様々な意見が出てくる。みなさんの中にも、同じように感じた人もいたかもしれない。しかし、この時、子どもは、「やったー」の後に、「今日は、２つも本を読んでくれるんだー」という言葉を発した。子どもは、「ジャック」と「豆の木」という２つの本を読んでくれると思い、いつもより喜んだのである。しかし、大人は、「ジャックと豆の木」という話を知っているため、子どもが２つの話をしてくれると感じているなど、思いに至らない場合が多い。

　このように、私たちは子どもだったはずなのに子ども時代の思考を忘れてしまう。本文でも紹介した、米田（Komeda）の研究で示されたように、人は異なる思考の人には、共感しにくいという特徴がある。そのため、大人と子どもの思考の違いを意識していなければ、子どもの気持ちを一方的に考えることに繋がり、真の共感は難しくなくなる。

　そこで、保育の心理学などで学んだことを参考に、子どもの時期ごとの思考を推測しながら、関わっていくことが大切である。また、今回のジャックと豆の木の話は、子どもとの関わりの中で「子どもの思考って面白い」という保護者の思いがあったから気づけた視点である。このように、子どもへの知識と子どもって面白いという視点を持ちつつ子どもに関わっていくことが真の共感を生んでくれる。

※参考文献
中丸元良（2005）．れんらくせんⅡ　かえでの森出版

第 9 章　言葉を育む

1 節　言葉の芽生え

1．前言語期

　胎児は、妊娠 8 か月の頃には既に聴力を獲得している。そのため新生児は生後間もなくから母親の声を聞き分け、母親は我が子の泣き声を聞いて抱っこしたり話しかけたりするので、早い時期から他者とコミュニケーションが取れることを知る。

　生後 6 か月頃、人に話しかけられた乳児が、「なに？」というように顔を向けてじっと相手の顔を見るのは、話しかけられた言葉には意味があることに気づき始めた証拠である。母親に母乳やミルクを与えられるときに名前を呼んでもらったり、「いない、いない、バー」をしてもらったり、「きれい、きれい」と声を掛けてもらいながら身体を拭いてもらうなど、身体に直接働きかけられる体験から、乳児は人とのコミュニケーションの方法を学んでいる。

　生後 9 〜 10 か月頃は、言葉のやりとりを準備するために、特に重要な時期である。人から話しかけられたときに、相手の顔に注目し、相手が話し終えたら今度は自分から話しかける、ということができるようになったり、相手に「ちょうだい」と言われたら「どうぞ」と言って渡すやりとりの中からコミュニケーションのタイミングを掴んでいく。

　そして生後 1 年になる頃までに、頷いたり、首を振ったり、指さしをしたり、バイバイしたりという、限られた身振りや動作を使って、さまざまなコミュニケーションの機会を作ることができるようになる。

2．音声の発達

　誕生直後は、泣き声と叫喚音(きょうかん)のみだったのが、生後 2 〜 3 か月頃にな

ると、叫喚音だけでなく、「クーイング」と呼ばれる、喉の奥でクーとなるような音が聞かれ、呼吸システムのコントロールの方法を学習している。

　生後5か月頃には、「過渡期の喃語(なんご)」といわれる、子音と母音の構造が不明瞭な喃語が現れる。

　生後6か月頃には、「基準喃語」といわれる複数の音節をもち、子音と母音の構造をしっかりもつ喃語「ババババ」が現れる。聴覚フィードバックループが確立すると、喃語が反復する(反復喃語)。何かを発見して指さしをするときや、手をつないで歩いているとき、物を渡すときなどに、コミュニケーションの動作に合わせて「アー」とか「ウー」といった発声があるかどうかということも重要である。

　生後9か月頃になると、「マンマ」のようなまとまりのある意味をもった喃語を発し、「マンマ」は、「ママ」(母)や「ご飯」(食物)、「食べたい」(要求)など、様々な意味で使われる。乳児は少しずつ自分の気持ちや意思を表現するようになっていく。

　生後11か月頃になると、「バダ」「バブ」のように複数の音節の中で子音と母音が変化する「非重複喃語」が現れる。

3．共同注意

　共同注意とは、他者と関心を共有する事物や話題へ注意を向けるように行動を調整する能力である(Bruner, 1975)。

　生後6か月頃から、おとながあるものを指さすと、おとなの指ではなく、おとなが示すものに視線を向けることができるようになる。

　生後9か月頃になると、子どもの方から指をさして気持ちを伝えようとするようになる。何かみつけたものを指さしたり、外に向かって手を差し出したりする。「ブーブーきたね」「マンマ食べよう」などの言葉かけを通して、言葉に意味があり、ものには名前があることを学んでいく。

　1歳前後になると、子どもから共同注意を引き起こすことができるようになる。このとき、おとなの注意を引くために「ア、ア」などの喃語

が発せられることもある。子どもの指さしに対して、「ワンワンだね」「きれいなお花だね」と対象物の名前を伝えたり、気持ちを代弁したりすることで、子どもからのメッセージを共有できる。

2節　幼児期の言葉の発達

1．話し言葉の獲得における3つの要素

　話し言葉の発達は、(1) 生物学的基礎：聴覚・構音機能・随意運動など、(2) 社会的基礎：生まれたときからの身近な大人とのやりとり、(3) 認知的基礎：幼児期の認知能力、の3つの要素を基本として、人との相互作用を通して幼児期に獲得される。そのため、子どもたちが育っている家庭、保育所、幼稚園などのコミュニティの中で、人とのコミュニケーションの機会を豊かにしていくことが大切である。

2．言葉の意味の学習

　言葉の意味の学習について、マークマン（Markman, E.M., 1989）は次のような説を紹介している。
(1) 事物全体の制約：子どもは言葉を聞いたときに、その語はその事物全体に関する名称であると考えるという法則である。
(2) カテゴリーの制約：子どもは言葉を聞いたときに、その語はその事物が属するカテゴリーの名称であると考えるという法則である。
(3) 相互排他性の制約：子どもは一つのカテゴリーには一つの言葉が付与されるものと考えるという法則である。

　子どもは言葉を理解していくときにたくさんの認知的能力の発達に支えられている。

3．初語

　初語とは、子どもが初めて話す意味のある単語のことである。話している子ども自身に質問して意味があるかどうかを確認することは難しいので、周囲のおとなが意味があると判断すればそれが初語となる。1歳

で約 50％、1 歳 6 か月の時点では約 90％の子どもが、一つ以上の意味のある単語を話しているという調査結果が報告されている。まだまだ発音も不明瞭で意味不明の言葉が多い時期である。

4．一語発話期（＝一語文期）から、長い発話へ

　一語文とは、一つの単語からなる発話のことで、初語も一語文に含まれる。子どもは一語文に様々な意味を込めて用いる。子どもたちの情報処理能力としてまだ一度に一語しか喋れない時期がある。一語発話期はひとつの言葉が色々な意味を担うので、おとなが想像力を駆使して解釈することが重要である。一語発話期は、二語発話、三語発話、さらに長い発話につながっていくほんの半年程度の非常に限られた時期である。言葉の達者な子どもは、瞬く間に長い発話を使いこなしていくが、一語発話期に長くとどまる子どももいる。

5．語彙

　語彙には、「理解語彙」と「使用語彙」がある。使用語彙数は一般的に、1 歳で 10 語、2 歳で 400 語、3 歳で 900 語、4 歳で 1600 語、といったあたりが大体の目安である。特に二語文を話すようになる 2 歳頃に使用語彙の数が爆発的に増える。

6．会話の発達

　二語文が使用できるようになると、やがて三語以上の単語からなる多語文で話すようになり、複雑な文法表現や助詞などを用いた洗練された会話ができるようになる。いわゆる 5 W＋ 1 Hや、昨日・きょう・明日のような時間を表す言葉も使えるようになり、自分の気持ちや周囲の状況も適切に表現できるようになる。「これ何？」というものの名前を訊ねる質問だけでなく「どうして？」といった原因や理由を尋ねる質問もできるようになっていく。

7．幼児期の話し言葉の特徴

　言葉の獲得の初期には、おとなは子どもに対して「ねんね」（寝る）「たっち」（立つ）「おてて」（手）などの幼児語を自然に使用する。外国語の文化にも、こういった幼児語はもちろんあるが、「ぼく、いくつ？」「おじさんはねえ」といった言い方をするのは、外国には見られない日本語の特徴である（鈴木，2017）。言葉の発達に伴い、おおむね3歳頃には、おとなも子どもも成人語へと移行する。

8．行動調整としての言葉

　言語による行動調整機能の発達過程を最初に組織的に観察し分析を行ったのはヴィゴツキー（Vygotsky, L.S., 1934）である。ヴィゴツキーは、人間の発話レベルを内言（思考のための道具としての言語）と外言（伝達の道具としての社会言語）に分類し、外言から内言へ移行していくと考え、「大人からの言語命令」によって子どもが行動調整する段階から「自己中心的言語」によって行動調整する段階を経て「内言」によって行動調整するようになる過程を明らかにしている。

9．話し言葉から書き言葉へ

　聞くことや話すことが発達してくると、子どもは文字に興味を持つようになる。一般に文字を読むことは、書くことに先行するが、3歳頃になると、子どもは絵本に書いてある文字を指して、「何と書いてあるの？」と質問するようになる。それに反応することで、文字が音に対応していることに気づくようになる。5歳児では平仮名の90%を読むことができ、約70%を書くことができるようになるという調査結果がある。

3節　言語障害

1．話し言葉の遅れ
(1) 生理的な範囲の遅れ

　言葉の発達が遅いときに、一番最初に疑うべきであるのが生理的な範

囲の言葉の遅れである。未熟児で生まれたとか、小さい時に痙攣を起こしたといったことが一切なく、言葉の発達だけが遅い、という子どもが生理的な範囲の遅れである。2歳で意味のある言葉が出ていたのに、3歳で「パパ、電車」とか「ブーブー、来た」などの二語文でしか話していないとき、生理的な遅れが疑われる。

(2) 発達性言語障害

　生理的な範囲の遅れと同じで、言語理解がよく、聴覚的に問題がないにもかかわらず、2歳になっても言葉が少なく、3歳になっても一語文のみ、というときがこれに当たる。話す部分の脳の成熟は遅いが、脳の成熟が進み時期が来れば（3歳過ぎに言葉が出始め、4歳過ぎから言葉の数が増えて）、学校へ行く前には大抵追いつく。

(3) 難聴

　知的に遅れがないと、勘がよい子は状況から判断することで行動できていたりするので、母親は聞こえが悪いことに気づきにくいことがある。

(4) 知的障害

　言葉の遅れの原因で最も多いのが、知的な遅れによるものである。言語刺激を受けても、容器に水が溜まらないように、使える言葉を獲得することができず、発話できない状態がこれに当たる。認知能力や運動能力なども含め総合的にみると、知的な遅れかどうかがわかる。

(5) 発達障害

　自閉症スペクトラムや注意欠如・多動性障害などの発達障害の場合、外界に対する興味や注意力が乏しいために、言葉が少ししか入ってこない。そういう意味での遅れである。

(6) 脳障害

　言葉を聞いて理解してそれを発語する、というその機能そのものが脳障害のために働かない。さらに発達性協調運動障害などもあると、掴もうと思っても手が思うように動かない、口が歪んだり緊張したりしてうまく動かない、というようなことが起こる。

表1　言葉の遅れの鑑別（前川ほか（2004）から著者が一部改変）

	音に対する反応	周囲に対する関心・反応	運動発達	発語
正常	あり	あり	正常	正常
難聴	なし*	あり	正常	最初は正常、まもなく消失
知的障害	時にあり、時になし	鈍い	重症度に比例して遅れる	少ない
自閉症スペクトラム	鈍い	なし、視線が合わない	正常	なし
脳性麻痺**	不定（あるものとないものがある）	不定	遅れる	一般に少ない

* ジェット機や戸を閉める音など特別な音には反応する。
** アテトーゼ・痙直・協調運動障害などの症状がみられる。

2．話し言葉の遅れへの原因に応じた適切な対応について

(1) 生理的範囲の遅れの場合の対応

　生理的な範囲の遅れがあると思われるときに、そもそも養育環境に問題がある場合がある。保護者が、子どもに向き合う余裕がないためにテレビを見せていたが、いざ子どもと遊ぼうと思っても、どうやって遊んであげたらよいかが分からないことがある。また、元々子どもからの要求が少ないために結果的に周囲のおとなたちから構われないまま過ごしてきてしまったという場合もあるので、その場合は子ども自身の発達的な問題にも目を向ける必要がある。保護者が子どもと一緒に遊べるようになるための支援が必要である。

(2) 発達性言語障害の場合の対応

　大抵少し待てば言葉は出てくるが、生理的な範囲の遅れと同様に、周囲のおとながたくさんかかわることで言葉がうながされる可能性がある。

(3) 難聴の場合の対応

　難聴が疑われる場合には、聴力検査を受けることが大切である。小さい子どもでも聴力が測定できる装置がある。難聴であることが判明したら、補聴器の装着が肝要である。難聴と知覚障害が重複している場合にも、音が聞こえることで初期のコミュニケーションが可能となる。

(4) 知的障害がある場合の対応

　知的障害の場合も、言葉だけを教えようとしても無意味である。それ

よりも子どもと過ごす時間を多くすることで、子どもが興味を持っていることを知り、一緒に遊んで、「あら、これが欲しいの？」「こうしたいの？」などといったように、子どもの気持ちや状況を代弁する。とにかく子どもと一緒に遊ぶ、「ゆっくり大きな声」「易しい言葉」「短い文章」で話しかけ、「楽しい雰囲気を作る」という対応が重要である。質問攻めにしたり、言葉を直したりしても、よい結果をもたらさない。

3．話し言葉の遅れ以外の問題

(1) 構音障害

適切な発音は、体外に吐き出す空気が気管を通って喉を通過するときに、声帯が振動して音が作られる。つまり、口腔・舌・唇などの器官がうまく協調して運動することで、適切な音声が作られる。

・構音障害を原因別に分類すると次のようになる。
　器質性構音障害：構音器官の構造に問題がある（主として口蓋裂）
　機能性構音障害：構音器官（主として舌）の機能に問題がある
　運動障害性構音障害：舌や軟口蓋の運動に問題がある（脳性麻痺）

・構音を誤りのタイプで分類すると次のようになる。
　省略：単語内の子音が省略されもの（kame → ame）
　置換：単語の子音が他の子音に置き換わるもの（saru → taru）
　歪み：構音された単語が不明瞭のためカナ文字で表記できないもの

構音完成の早い子音は〔p、b、m、t、d、k、g〕、遅いのは〔s、ts、dz、r〕（4歳以降）で、構音障害は「サ行音」が一番多く、次いで「ラ行音」と「カ行音」である。

構音障害の原因の一つに聞こえの問題によるものがあり、聴力が正常かどうかの診察を受けた方がよい。構音の完成が遅い子音については4歳頃まで待ってもよいが、子どもの理解力が育たないと訓練を受けることができないので、構音の誤りや歪みなどが気になる場合には、その必要性やタイミングについて、専門家（言語聴覚士）の判断を仰ぐ必要がある。

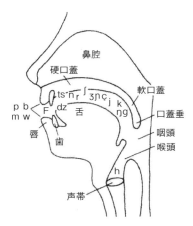

図1　子音の調音点

(2) 吃音(きつおん)

話し言葉の内容には問題がないのに音がつまったり、始めの音を繰り返したり、語句を言い直したりする状態である。2～6歳の幼児期に発生（発吃）することが多く、男児における発生率は女児の2.5倍から3倍である。吃音を意識するようになると、コミュニケーション場面に対する不安を抱いたり、さらには恐怖心さえ覚えてしまうことがあり、心理面に与える影響も見過ごせない。環境の変化（転居や入園、きょうだいの誕生など）によって起こることもあるが、原因をつきとめてそれを排除することばかりに気をとられず、吃音に気づいたあとは、心地よい環境づくりをすることが大切である。子どもが話そうとするとき、周りでじっと見守るより、言いたいことや伝えたいことに力を貸す対応がよい結果につながる。

(3) 緘黙症(かんもくしょう)

発声器官には問題がなく、言葉を理解したり、指示に従って行動したりすることはできるのに、ある特定の場面や状況で話すことができなくなってしまう精神疾患である。場面緘黙症（選択性緘黙症）と全緘黙症の2種類があり、5歳になる前後に発症することが多いが、家庭の中で話せる場面緘黙の場合には、問題の重大さに気づきにくい場合がある。不安障害や発達障害との併発がみられることが多く、長期化した場合に

は、専門家による丁寧な治療が必要である。

　構音障害・吃音・緘黙のいずれも、間違った話し方をしても、喋らずにいても受け入れるという姿勢が必要となる。

(4) 外国語習得の問題

　最近では、日本に住みながら両親の一方が外国人の場合や、在日外国人の家庭など、様々な状況がみられるが、1人の子どもの中で2つの言語が同じ程度に育つことはなかなか難しい。母親が外国人の場合、幼い頃は母親の母国語のみで、保育園に入る頃から日本語の言語環境に触れることが多い。日本語のみならず、両親どちらかの母国語の獲得も不完全になってしまうこともある。さらに児童期以降になって、どちらの言語でも学習や思考が十分にはできなくなってしまうことも少なくない。幼少期から慎重に判断して支援していくことが必要である。

参考文献・引用文献

Bruner, J.S.(1975). From communication to language.Cognition, 3, 255-287.

浜崎隆司・田村隆宏・湯地宏樹（編著）（2016）．やさしく学ぶ保育の心理学Ⅰ・Ⅱ　ナカニシヤ出版

岩立志津夫・小椋たみ子（編）（2017）．よくわかる言語発達（改訂新版）　ミネルヴァ書房

厚生労働省（2015）．平成27年度地域保健・健康増進事業報告の概要　http://www.mhlw.go.jp/toukei/list/32-19.html

前川喜平・秦野悦子・栗山容子（2004）．第24回母子保健興協会シンポジウム「保育における言葉の問題と対応」

前田明日香（2006）．幼児期における行動調整機能の発達的研究　立命館人間科学研究, 11, 45-57.

Markman, E.M.(1989). Categorization and naming in children: Problems of Induction, MA:MIT Press.

日本発達障害福祉連盟（2008）．平成20年度厚生労働省障害者保健福祉推進事業障害者自立支援調査研究プロジェクト

岡堂哲雄（1983）．小児ケアのための発達臨床心理　へるす出版

鈴木孝夫（2017）．閉ざされた言語・日本語の世界　新潮社

Vygotsky, L.S.(1934). Thought and speech,: Sotsekgiz(Russian). （柴田義松（訳）（1962）．思考と言語　明治図書）

コラム9　言葉の発達が遅いという相談

　市町村で行われる1歳6か月児と3歳児の健康診査（以下「健診」＊とする）は、該当する月齢児数の90％を超える高い受診率となっている（厚生労働省，2015）。集団で行われる乳幼児の健診は、世界でも稀なものであるが、保護者にとっては、同じ月齢の子どもたちの様子を知る貴重な機会である。最近では健診に両親が同行したり、父親が1人で連れてくる場合も珍しくなく、男性の子育ての参加率が向上していることが窺える。

　1歳6か月児健診の際の心理相談の内容としては、言葉に関する相談（「言葉が出ない」「言葉が少ない」「他児より言葉が遅れているのではないか」など）が最も多い（日本発達障害福祉連盟，2008）。1歳6か月の時点では、言葉の遅れの原因がはっきりしないことが多く、3〜6か月程度の間隔を置いて相談を継続し、さらに精密な発達検査や医師の判断が必要となれば、専門の療育機関の利用を勧める。

　3歳児健診では、言葉に関する相談では、新たに構音や吃音を主訴とした相談が主流となり、行動や性格に関する相談も多くなる。

　最近の相談の特徴としては、スマートフォンなどの普及に伴って、保護者がインターネットで検索するうちに「言葉の発達が遅れているのは『発達障害』によるものではないか」といった不安を訴える保護者が増えており、健診のスタッフは、より専門性の高い知識を求められるようになってきている。

＊「健診」の漢字を「検診」と間違えやすいので注意が必要である。

第10章 「数・量・形」を育む

1節 21世紀に求められる数・量・形の育ち

1．乳幼児期に「数・量・形」を育む大切さ

　「数・量・形」に対する子どもたちへの関わりは、いつ頃始めると良いのであろう。また、乳幼児期には、「数・量・形」に関して、どのような認識があるのであろうか。これまで我が国では、「知的な面の教育として数・量・形は重要である」「子どもたちには教育せず自然に遊ばせるべきである」「算数を教えることは早期教育である」など、様々な立場から議論がなされてきた。近年、これらの疑問の前提となる、幼児教育自体の重要性が、いくつかの根拠に基づく研究によって示されてきた。

　例えば、ノーベル経済学賞を受賞したヘックマン（Heckman, J.J., 2013）は、乳幼児期への公的投資が、社会的に非常に収益率が高いことを示した。幼児期に質の高い保育を実施したペリー就学前プログラムを受けた子どもたちが、根気強さ、意欲、自信、協調性などの非認知的な能力を高め、約40年後にまで有意に効果があることが示されている。その質の高い保育とは、修士号以上の保育士、保育士1人あたり子ども6人の少人数制、1日2.5時間の読み書き、1週間に1.5時間の家庭訪問を2年間の実施である。このように、幼児期に育まれる内面の強さが、様々な成長を補助し、逆境を乗り越える際の決断に、成人以降も反映されると考えられる。いわゆる「三つ子の魂百まで」が科学的に示されたといえる。ただし、我が国のような保育者や保護者の教育水準が全体的に高い場合に、同様の効果があるかどうかは検証が必要であろう。

　また、我が国における同様の経年比較調査では、ベネッセ教育総合研究所（2012 - 2017）が、年少児から小2までの5年間の期間（継続中）で、保護者の479名を対象に実施している。2016年の成果発表では、

年少児に生活習慣の得点が高いほど、年中児の学びに向かう力（非認知的な能力）が高く、さらにその力が高いほど、年長児や小1期での文字・数・思考などの認知的な能力に繋がることを明らかにしている。また、2017年の成果発表では、幼児期に育まれた生活習慣、学びに向かう力が、低学年での「学習態度」につながることを明らかにしている。

　以上のように、乳幼児期からの保育が重要であると考えられる。さらに、保育の方法や内容は、生活習慣を大前提とし、遊びを通して、日常の自然やものなどの環境に関わることであり、保育者は根気強さ、意欲、自信、協調性などの非認知的な能力を褒めて価値づけすることが役割といえる。そして、子どもが遊びの中で様々なことに気づき、工夫をすることで、結果として文字や数などの知的な面が育まれると捉えられる。

2．21世紀型能力と幼児期の終わりに望まれる10の姿

　21世紀は、科学技術の急激な発展により、著しい社会変化が起きている。文部科学省（2017）は、そのような社会を見据え、我が国の新たな教育の方向性を示すために、幼稚園・小学校・中学校の学習指導要領を告示した。21世紀型能力を「基礎力・思考力・実践力」の3要素として定め、全学校種・全教科で一体化を図っている。また、幼稚園と保育園、子ども園との整合性を確保するために、保育所保育指針などの記述も、同様な記載に改訂されている。

　では、幼稚園教育要領では、「数・量・形」を育む保育に関して、どのように示されているであろう。同要領では、幼児期における学力の3要素が示され、その具体的な姿として「幼児期の終わりまでに育ってほしい姿」が10個示され、その一つに数量や図形が挙げられている。

> (8) 数量や図形、標識や文字などへの関心・感覚
> 　遊びや生活の中で、数量や図形、標識や文字などに親しむ体験を重ねたり、標識や文字の役割に気付いたりし、自らの必要感に基づきこれらを活用し、興味や関心、感覚をもつようになる。

　保育現場では、種々の遊びや生活などの活動の中で、子どもたちの必

要感をきっかけに、「数・量・形」への気づきや興味・関心を促すことが求められる。そして、小学校以降の学びの素地になるよう、数量の便利さや簡潔さに気づき、図形の美しさやきまりを感じ考える姿を褒め、価値づけていくことが、より一層大切となる。

2節　乳幼児期にみられる数理認識

1．乳幼児期の数理認識と数学教育の領域

　前節では、乳幼児期の保育の重要性と「数・量・形」を育むことについて述べた。それらは、遊びを通して育まれるのであるが、それを見出す保育者は、子どもたちの数理認識がどのような段階であるのか、その目安が必要となろう。そこで本節では、先行研究が明らかにした子どもたちの数理認識について述べる。乳幼児期の数理認識は、大きく「数・量・形」に分類される。はじめに、計算の認知や数の計数について、次に、量を表す用語の発達や量の保存性について、最後に、図形や遠近感の数理認識について述べる。

2．乳幼児期の数理認識
(1)　数の数理認識

　数は、日常生活にあふれており、一日中数に触れずにいることは、通常ありえない。では、人は、いつ頃から、数詞を唱えたり（数唱）、物の数を数えたり（計数）、計算したりできるようになるのであろうか。

　中沢（1981）は、「ふだん数唱を聞きなれている子どもならば、三歳ごろまでには十まで唱えられるし、おとなや年上の子どもに教えられて、十以上かなりの数まで唱えられる子どももいる。しかし数唱と数えるものをきちんと対応させることはただ唱えるよりずっとむずかしいので、唱えられるだけの数を物について数えられないのがふつうである。」と、多くの保育実践を観察した上で、子どもの数唱と計数の発達の特徴を述べている。

　では、計算については、どうであろうか。当然、数詞を理解し、物の

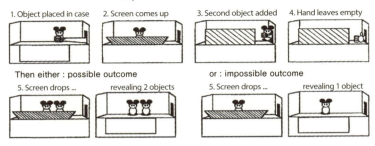

図1　計算の馴化・脱馴化実験（Wynn, 1992）

　数を数えられるようになってから、計算ができるようになると推測されるだろう。しかしながら、アメリカのウィン（Wynn, K., 1992）は、生後4か月の赤ちゃんにも、簡単なたし算やひき算ができるという驚くべき事実を明らかにしている。その実験方法は、図1のような状況を準備して、乳児が提示物を見る注視時間の増減により調査された。はじめに、通常の 1 + 1 = 2 の状況を数回乳児に提示する。すると、乳児は、次第に同じ状況に慣れ注視時間が短くなる（馴化）。次に、カーテンの裏で意図的に和が1や3になる状況を作り、カーテンを開けて提示する。すると、乳児は通常起こらない状況に驚き、注視時間が増大する（脱馴化）。つまり、乳児は、1 + 1 の結果が、1や3ではなく、2であることに気付いていることとなる。

　では、人間がより多い数について個数判断を行う時は、どのように認識しているのであろうか。数を瞬時に認識できる能力は、サビタイジングと呼ばれ、図2のようなドット（碁石のような白や黒の点）を利用して調査されている。

図2　サビタイジングの提示カードの一例

例えば、図2の左の●の数は瞬時に4つだと判断することができる。しかし、図2の右の●の数のように、多数ある場合では判断するために少し時間がかかってしまう。チーとクラー（Chi, M. & Klahr, D., 1973）は、大人を対象としたサビタイジング能力の実験結果をまとめ、5あるいは6よりも小さい数の集合に対しての方が、より速く反応するという特徴に着目している。また、集合の数が1つ増すごとの反応時間が、1〜5まではほぼ40ミリ／秒ずつ増加するが、それ以上多くなると約300ミリ／秒ずつになる。つまり、5以上の数では、1つずつの思考時間がより長くなっており、数をカウントしていると考えられる。

　さらに、チーとクラー（Chi, M, & Klahr, D., 1975）は、5歳児を対象に同様に反応時間を測定した。その結果、3個までの大きさを判断する時間は、要素が1つ増えると判断する時間はわずかに長くなっているが、3より大きい数になると、より判断時間が長くなること示された。また、スターキーとクーパー（Starkey, & Cooper, 1995）は、4個までとしている。いずれにしても、幼児がサビタイジング可能な範囲は、3〜5程度までであるといえる。

　また、近年のクレメンツ（Clements, D.H., 1999）の研究では、ドットの提示方法により認知に差が生じることを理論的に示唆している。例えば、横1列で並べられた6個以上のドットは、瞬時に計数できないものの、図のように2段で提示されると、「4と3で7」のように、サビタイジング可能となる現象である。これを概念的サビタイジングと呼び、通常のサビタイジングは、知覚的サビタイジングと呼んでいる。このような能力は、たし算・ひき算の基礎となる数の分解・合成の考え方と関連していると考えられるため、今後の研究が期待される。

(2) **量の数理認識**

　量の数理認識に関しては、どうであろうか。横地（1981）は、量に関する保育計画を次のように体系的に示している。まず、1歳児から3歳児にかけて、それぞれの量に興味をもつことが自然に始まり、長さや広さの広がり、かさ（体積）の大きさを楽しむようになる。さらに、3歳

以降では、量の大小を比較したり、連続的に量が変化したりすることを認識できるような保育内容を示している。このように、量の捉え方や大小関係を表す用語が、1、2歳頃からみられる。

また、小谷（2005）は、日常の保育活動にみられる量に関する言葉を用いた場面の事例を基に、量の捉え方、言葉の表現方法、交友関係による発達、という3つの観点から考察している。その結果、3歳児当初には、量の比較において「大きい」がよく使われ、「長い」「高い」は3歳児中頃から、「広い」は4歳児中頃から使われる傾向を明らかにしている。また、それらの認識を高めるのに、交友関係による共感性や比較、目的意識のある伝達が強く影響していることを明らかにしている。

しかしながら、子どもたちは、必ずしも量の性質に関する認識が安定しているわけではない。例えば、ピアジェ（Piaget, J., 1972）は、液量保存課題をもとに、この特徴を明らかにしている（本章末トピックス参照）。液量保存課題とは、同形の2つの容器に入れられた同量の水を用いて、一方を別の平べったい容器や細く背の高い容器に移し替えた時に、2つの液量が同じか増減したかを問う課題である。成人であれば、同量の水を移し替えたり、形を変えたりしても、液量は同じで変わらないと考えるのが普通である。しかし、幼児期の子どもは、見た目の水位の高い方がより量が多いと判断する傾向がある。その認識が、児童期のはじめ頃から発展し、量の保存性を理解していくとされている。また、この保存性に関しては、他の量である重さや面積などでも同様である。体重計に乗る子どもが、自身の体重を変えようと身体に力を入れたり、足を浮かしたりしているのは、この理由に因るのである。

(3) **図形の数理認識**

図形に対しては、どのような数理認識が育まれているのであろう。そもそも、人は、何歳位から図形を認識しているのであろう。これらの認識を示す研究に、既に4章で挙げたものがある。平面図形に対してファンツ（Fantz, R.L. 1963）は、生後46時間から生後6か月の乳児が、柄があるものや同心円のもの、縞のあるものを選好し、特定の平面図形

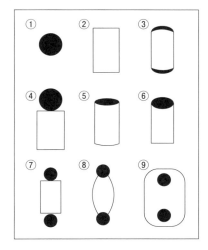
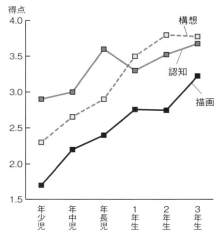

図3 選択課題・構想課題で使用された線画（平井・竹中,1995）

図4 年齢別課題ごとの得点の平均点（平井・竹中,1995）

を見分ける力が乳児期に機能していることを明らかにしている。また、3次元空間に関しての奥行きや高低差は、ギブソンら（Gibson,E.J. et, 1960）が示したように、生後数か月の乳児が、奥行きや高低差の知覚が可能であると考えられる。以上のように、生後数か月の乳児が図形に関する認識を持ち合わせていることは、驚くべき事実である。本章では、さらに幼児期から児童期にかけての研究を紹介しよう。

平井・竹中（1995）は、4歳児〜9歳児の子どもを対象に、円筒形の描画行動の発達的変化について明らかにしている。その研究では、3種類の課題が行われている。まず、図3のような線画の中から円筒形に見えるものを選択させている（認知課題）。次に、円筒形を描画するためにどのように描こうとしているか、同じく図3の中から選択させ（構想課題）、その後実際に円筒形を描画させている（描画課題）。そして、各課題での反応の発達水準の判定基準を4水準設定し得点化し分析している。発達水準は、1水準が①②、2水準が③⑦⑧⑨、3水準が④⑥、4水準が⑤の形としている。

これらの調査の結果、図4のように認知課題は、5歳（年中児）〜

第10章 「数・量・形」を育む……137

6歳（年長児）にかけて急激な発達を示し、構想課題では6〜7歳（1年生）で急激な発達がみられた。さらに、描画課題は最も困難であり、9歳児（3年生）の30％しか遠近画法によって円筒型を描画することができないことが示されている。

また、渡邉（2003）も同様に、8〜12歳の児童を対象に、立方体の描画に対する奥行きの空間概念の発展過程を調査しており、8歳児（2年生）〜9歳児（3年生）では、奥行きの空間概念が獲得されていないことを明らかにしている。さらに、本章では詳述しないが、9歳児（3年生を）を対象に教育実践を行うことで、子どもの奥行き概念を発展させる方法を提案している点も重要である。

3節　保育活動にみられる数量活動（さんすう遊び）

1．子どもの興味を活かした保育実践

これまで心理学の研究を中心に、乳幼児期の数理認識について述べてきた。最後に、実際の保育活動に見られる数量活動を述べることで、子どもたちの数理認識を発展させる視点を検討する。

「10数えたらお風呂から出ようね」「おおっきいブーブーだね」「わぁ〜これまん丸だねぇ」。これらの語りかけは、数・量・形に関わる内容だと意識しないで、子どもが理解したり発話したりする以前からなされている。私たちが日々数量や図形に常に触れて生活している証であり、保育活動の中には、数量活動が頻繁に含まれていると考えられる。

榊原（2006；2014）は、東京都・神奈川県の私立幼稚園（累計13園）を対象に、保育活動の自然観察調査を実施することで、数量活動の種類と頻度、およびそのような活動における教師の支援の具体的な方法について検討している。その結果、数量活動を含む保育活動はみられるものの、その数量活動の多くが、数量学習を目的としていない活動であることを明らかにしている。例えば、出欠の人数確認や日付、数え歌、制作活動での形や量の指示、大きさや形を身体表現するなどの保育活動の中に、数量活動が含まれている。

また、『ソニー幼児教育支援プログラム「科学する心」』に応募された実践例を紹介しよう。「ころころ遊び」では、坂道に自作のころころボールを転がす遊びを通して、子どもたちが試行錯誤を繰り返しながらコースづくりをしている。そこでは、ボールが長く転がるように、より速く転がるようにしなければならず、何度も試しながら問題解決している。保育者の関わりは、「これ（円柱の積木）だとなんで遠くまで行くんだろうね」「ひとつ目の坂を越えるために、どこを高くしたんだっけ？」と、気づかせたい考え方があったり、考えが止まってしまったりする時に問いかけていることである。

　このように、子どもたちは、直観的に速さの大小比較を行ったり、高いところからだとより速く転がったりする、数学的な考えや物理的な考え方に気づいていく。そして、保育者の試行錯誤を意図的に促す声かけが、子どもたちの学びを育んでいると考えられる。

2．数量活動を含んだ保育実践

　前項では、自然な子どもの遊びから学びの芽を見出し、興味関心が達成できるように促す保育活動について述べた。ここでは、興味関心が生じるのを待つのではなく、子どもの主体性を尊重しながらも、保育者が自らの教育目標に沿った環境を整え、子どもが自然にもっている好奇心や探究心を刺激するような保育活動（Guided play）を紹介する。

(1)　ビーズのブレスレット遊び（規則性の育ち）

　夏祭りや園内バザーの際は、子どもたちが各自何か手作りの物を作ると良いであろう。ここでは、図5のようなビーズのブレスレットを作る遊びについて述べる。幼児の巧緻性の発達に合わせて穴の大きさを何種類か用意する。ビーズに通す紐は、伸縮性のある細いゴムだと完成後に腕に取り付けやすい。

図5　ビーズのブレスレット

第10章　「数・量・形」を育む……139

初めは、子どもたちに自由に作らせるが、よりきれいに作ろうと規則的にビーズを選ぶようになる子がいる。その際に、「○○ちゃんのきれいだね。どうやって作っているの？」と、全体にその子の感性の良さを伝えてあげると自然に規則性を考えるであろう。

(2) **論理バスケット（論理的用語・図形の弁別の育ち）**

論理バスケットは、図6のようなフルーツバスケット型のゲームである。はじめは、フルーツバスケットと同様に、「四角の形（肯定）」「赤くない形（否定）」などの形の特徴を1つ言うことで移動する。遊びのルールに慣れてきたら2つの特徴を含む言い方をする。例えば、鬼が「三角と丸の形（連言）」や「赤か青の形（選言）」と言う。誤って移動してしまう子もいるが、タイミングを考慮して保育者自身が例示することで、移動する時の確認をすると、より楽しく遊べるであろう。このように、遊びを通しながら、論理的用語の意味を理解し用いられるであろう。

図6　論理バスケット

参考文献・引用文献

秋田喜代美・神長美津子（2016）．園内研修に活かせる実践・記録・共有アイディア──「科学する心」をはぐくむ保育　学研プラス，24-33

ベネッセ教育総合研究所（2012-2017）．幼児期から小学生の家庭教育調査・縦断調査（情報取得 2017/8/30）http://berd.benesse.jp/jisedai/research/detail1.php?id=3684

Chi, M.T.H. & Klahr, D.(1975)．Span and rate of apprehension in children and adults. journal of Experimental Child Psychology, 19, 434-439.

Clements, D.H.(1999)．Subitizing: What is it? Why teach it? Teaching Children Mathematics. 5(7)，400-405.

Fantz, R.L.(1963)．Pattern vision in newborn infants. Science, 296-297.

Gelman, R. & Gallistel, C.R.(1978). The children's understanding of number. Camblidge.Harvard University Press.（小林芳郎・中島実（訳）（1989）．数の発達心理学　田研出版）

Gibson, E.J. & Walk, R.D.(1960). Visual Cliff. Scientific American 202(4), 64.

Gibson, E.J.(1969). Principles of perceptual learning and development.（小林芳郎（訳）（1983）知覚の発達心理学　田所出版）

Heckman, J.J.(2013). Giving Kids a Fair Chance. MIT Press.（古草秀子（訳）（2015）．幼児教育の経済学　東洋経済新報社）

平井誠也・竹中郁子（1995）．幼児・児童における円筒形の描画過程の発達的研究．発達心理学研究 6,（2），144-154.

小谷宜路（2005）．言葉及び交友関係との関連から見た幼児の量に対する感覚　保育学研究，43(2), 202-213.

守屋誠司・太田直樹（2007）．論理のカリキュラム試案と実践例　日・中数学教育研究会論文集，49-56.

文部科学省（2017）．幼稚園教育要領〈平成29年告示〉　フレーベル館

無藤隆（1998）．早期教育を考える　日本放送出版協会

中沢和子（1981）．Ⅰ 数量感の構造と発達．幼児の数と量の教育　国土社，32.

Piaget, J. & Inhelder, B.(1941). Le développement des quantités chez l'enfant.（滝沢武久・銀林浩（訳）（1992）．量の発達心理学　国土社）

榊原知美（2006）．幼児の数的発達に対する幼稚園教師の支援と役割――保育活動の自然観察にもとづく検討　発達心理学研究，17（1），50-61.

榊原知美（2014）．5歳児の数量理解に対する保育者の援助――幼稚園での自然観察にもとづく検討．保育学研究，52(1), 19-30.

Starkey, P.;Cooper, R.G., Jr.(1995). The development of subitizing in young children. British Journal of Developmental Psychology, 13, 399-420.

渡邉伸樹（2003）．描画にみる空間概念の発展プロセスの形成化（その2）数学教育学会誌，Vol.44/No.1・2, 93-100.

Wyyn, K.(1992). Addition and Subtraction by Human Infants. Nature, 358, 749-750.

横地清（1978）．文字と数は教えるべきか――討論幼児教育　日本放送出版協会

横地清（1981）．保育の進め方．幼稚園・保育園保育百科　明治図書，65-118.

横地清（2009）．ここまで伸びる保育園・幼稚園の子供たち　東海大学出版会，17-18.

コラム 10　乳幼児期の数量活動と算数の学習の連携

　数学教育は、何歳から始まるのであろう。本章で述べてきたように、0歳児をスタートとし、乳幼児期の遊びを通した数量活動の経験が、小学校算数科の学習につながる。では、小学校第1学年の入門期では、保幼小連携をどのように捉えることが望ましいのであろうか。まず、学びへの意欲の接続が第1段階である。幼児期の子どもたちは、遊びを通して、興味あることを友達と協調しながら学んでいる。小学校では、幼児期に育まれた数・量・形に対する興味や関心を基に、できる喜び、考える楽しさを味わい、自分自身の考えを交流するなど、非認知的な能力の接続が重要である。決して、学習方法の違いを強調するあまりに、学習規律のみを守らせることに終始してはならない。

　次に、学習への接続が第2段階である。下のように、第1学年の算数科の教科書では、1～10個の物の数を数え、数詞や数字で表す学習が扱われている。しかしながら、子どもたちは、授業で教わる前に、多くの場合すでに理解している。それは、日々の遊びや生活の中で、複数の友達と遊ぶ際に人数の過不足を計算したり、おやつや動植物の数を数えたり、絵本や掲示物などから数字を見聞きしたりするなど、幼児期に学んでいるからである。したがって、入門期の算数の授業では、知識を得ることが目標ではないのである。落ちなく数えるために、数えた物に印を付けたり、2種類の物の数の違いを、線で結ぶことで確認する方法を考え出すことが学びなのである。また、なぜそのような方法が必要で有効なのかを話し合うことを通して、クラスの思考ツールとして共有することが、今後の学習の際に繋がっていくであろう。

　以上のように、小学校第1学年の入門期では、幼児期に獲得されてきた気づきや考え方を土台にして、非認知的な能力と学習とを接続させることが大切である。今後、教育実践に基づく保幼小連携の研究が期待される。

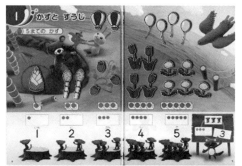

引用：清水静海他（2012）．わくわく さんすう1　啓林館出版．

トピックス 4　子どもの理解と援助
―― ピアジェの発達理論 ――

　ピアジェ（Piaget, J.）は、子どもが環境をどのように分かっていくのかという認知機能の発達過程を明らかにした。子どもの認知機能は、環境との相互作用のもと質的に変化していくと考えた。

　人間が生まれたときから持っている環境に適応するための行動や思考の枠組みを、ピアジェはシェマといった。子どもが育っていく過程で、環境内のさまざまな情報をこのシェマ（認知の枠組み）に取り入れていくことを「同化」と言う。取り入れたときにうまく当てはまるように既存のシェマを修正することを「調節」といった。発達は、この「同化」と「調節」を繰り返して進んでいくと考えた。

　たとえば、乳児期にみられる反射もシェマのひとつで、吸啜反射は口唇に乳首や指が触ったときにそれを吸う運動である。口唇に触れたものを吸おうとする働きが同化であるが、それが以前とは違う哺乳瓶であったときには、吸い方を変更するであろう。これを「調節」という。シェマへの同化と調節を続けながら均し、それを安定した認知機能へと作り上げることを、均衡化という。先ほどの吸啜反射の例でいえば、どのような吸い口であっても適応した吸い方ができるようになることである。

　ピアジェは、認知機能の発達の過程を次のように提示している。

表　ピアジェの認知理論に基づく発達過程

発達過程	特徴
感覚運動期 （0〜2歳）	・感覚と運動によって環境を探索している時期である。反射運動を基盤として、やがて反射と反射を組み合わせて行動を広げていく。遊びにおいても、揺らすと鳴るガラガラや自ら押すと音のなる手押し車、柔らかな感触のお手玉など、五感を刺激する遊びを好む。また、何でも口に入れてしまうなど、感覚によって環境を探索すること好む時期であるので注意が必要である。
前操作期 ・前概念的思考段階 （2〜4歳）	前操作期は、「前概念的思考段階」と「直観的思考段階」に分かれる。表象（イメージ）が生まれ、丸い赤い物をトマトに見立てたり、電話をかけるふりをしたり、見立てやふりを活用しながら記憶した表象を使う延滞模倣がみられる。象徴機能の発達により、言葉を使うことができるようになる。しかし、表象を頭の中で操作するような抽象的な思考はまだ難しい。
・直観的思考段階 （4〜7歳）	知覚的な直観に支配されやすく、論理的思考はまだ難しい。「三つ山課題」においては、空間把握において、他者の視点からの見え方を問われているのに、自分の視点からの見え方を答えてしまう「自己中心的思考」がみられ、「保存課題」においては目立った特徴に引きずられてしまう「中心化」という特徴がみられる。

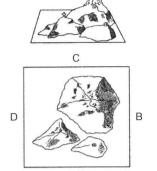

Aの位置にいる子どもが、Bの位置にいる人の見え方を尋ねられる。この時子どもは、自分の見え方とは違う見え方を答えることを求められる。
直観的思考段階の子どもでは、自分の視点からの見えである自己中心的思考で答える。

【ピアジェの三つ山課題】

Aの列もBの列もおはじきは3個ずつ並んでいる。幅があるので、一見Bの方が多く見えてしまうという目立った特徴に引きずられてしまい、Bの方が多いと答える。

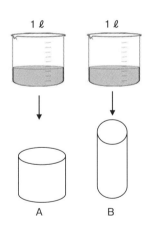

容器に入っていた1ℓの水をAとBのそれぞれの容器に移したとしても、水の分量は変わらない。Bの容器の方が細長いので、水嵩が増したように見えてしまう目立った特徴に引きずられるため、Bの容器の方の水量が多いと答えてしまう。これを「中心化」という。

【ピアジェの保存課題】

ピアジェは、数や量、長さなど加えたり、減じたりしていなければ数量は変わらないという保存の概念の発達を示した。
数や長さの保存概念の方が、量よりも発達的に早く成立する。

第11章 保育の実際と発達援助

1節 「基本的生活習慣」の獲得と援助

1．基本的生活習慣とは

　人は生まれると、体内リズムで眠り、目覚めて乳を飲み、排泄をする。しかし家庭や保育所・認定こども園で生活するようになると、外界や他者から刺激を受け反応を繰り返す中で、その社会の生活様式を身につけていく。そして人が心身ともに健康で健やかな発達をするために、欠かすことが出来ない乳幼児期の生活習慣を基本的生活習慣という。

　乳幼児期の基本的生活習慣は、食事・排泄・睡眠・清潔・衣服の着脱の5項目に分けられるとしている。このことを保育所保育指針や幼保連携型認定こども園教育・保育要領（ともに平成29年3月告示）には次のように記載されている。

(1) 保育所保育における基本的生活習慣のとらえ方

　保育所の保育は、「子どもが現在を最も良く生き、望ましい未来を作り出す力の基礎を培うために、次の目標を目指して行わなければならない[1]」とされ、保育所保育の基本原則として、「保育所は、その目的を達成するために、保育に関する専門性を有する職員が、家庭との緊密な連携の下に、子どもの状況や発達過程を踏まえ、保育所における環境を通して、養護及び教育を一体的に行うことを特性としている」としている。

　この養護とは、「生命の保持及び情緒の安定を図るために保育士が行う援助や関わりである[2]」を指し、基本的生活習慣とは、健康で安全など生活に必要な基本的な習慣や態度を養い、心身の健康の基礎を培う保育

1　保育所保育指針第1章総則1・(2)ア
2　第1章総則2・(1)

のことである[3]。

(2) 幼保連携型認定こども園における基本的生活習慣のとらえ方

こども園では、「生命の保持や情緒の安定を図るなど養護の行き届いた環境の下、幼保連携型認定こども園における教育及び保育を展開する[4]」、「園児の発達の過程等に応じて、適度な運動と休息をとれるようにすること。また食事・排泄・睡眠・衣類の着脱・身の回りを清潔にすることなどについて、園児が意欲的に生活できるよう適切に援助すること[5]」、また、第2章第2「満1歳以上満3歳未満の園児の保育に関するねらい及び内容」の5領域中「健康」の領域で「食事、排泄、睡眠、衣類の着脱、身の回りを清潔にすることなど、生活に必要な基本的な習慣については、一人一人の状況に応じ、落ち着いた雰囲気の中で行うようにし、園児が自分でしょうとする気持ちを尊重すること[6]」とある。

2．基本的生活習慣の発達

基本的生活習慣は、子どもの生理欲求である眠ることや食べること、排泄のことが多い。そしてその習慣を獲得するためには、文化的要素を考慮した実践が求められる。例えば食事のとき、箸やスプーンを使うのか、手で食べるのかは、子どもが育つ環境〈文化〉によって異なる。また排泄の自立は、紙おむつを使用しているのか、布おむつを使用しているのかによって、自立の時期が異なる。

紙おむつが普及していなかった昭和20年代の排泄の自立は2～3歳だったが、現在は3～4歳と遅くなっている。このように、生活環境や状況、子どもの発達状況によっても異なる。表1は、昨今の子どもたちの定型発達における基本的生活習慣を自立する標準年齢である。

---

3 第1章総則1・(2)ア（イ）
4 幼保連携型こども園教育・保育要領第1章総則第3・5
5 第1章総則第3・5・エ
6 第2章第2・健康3・(4)

表1　基本的生活習慣の自立の標準年齢

年齢	食事	睡眠	排泄	着脱衣	清潔
0か月	・抱っこされてミルクを適量飲む	・大人に見守られて眠る ・眠っている時と起きている時がはっきり分かれている	・おむつが汚れたら取り換えてもらって、きれいになった心地よさを感じる	・汚れたら新しい服に着替えさせてもらう	・身体の清潔を喜ぶ ・顔が汚れているときには拭いてもらう
おおむね6か月	・個に応じた離乳のはじまり	・午睡は午前と午後の2回			
おおむね1歳	・自分で食事をしようとする	・午睡は午後1回になる	・おむつが濡れたことを知らせる		・鼻が出たら知らせる
おおむね1歳6か月	・自分でコップを持って飲もうとする ・嫌いな物でも促されると食べようとする			・一人で脱ごうとする	
おおむね2歳	・こぼさずに飲む ・スプーンを自分で持って食べる ・食事前後の挨拶	・就寝前後の挨拶をする ・夜の睡眠は、10～11時間程度	・尿意を言葉で知らせる ・おむつからパンツに移行していく	・一人で着ようとする	・鼻が出たらかもうとする
おおむね2歳6か月	・スプーンを持ち上手に使う ・箸に関心を持ちはじめる		・排尿排便を知らせる ・失敗することもあるが、付き添えば一人で排尿ができる	・靴を履く ・帽子をかぶる	・うがいができる ・一人で手が洗う
おおむね3歳	・箸に関心を持つ ・こぼさずに食事をする ・スプーンと茶碗を両手で使う	・夜の睡眠は、9～10時間程度	・おむつがはずれる ・排尿の自立 ・パンツを取れば排便ができる	・パンツをはく	・洗顔の後に自分で顔を拭く ・石鹸を使って一人で手を洗う
おおむね3歳6か月	・箸を使用する ・一人で食事ができる ・箸と茶碗を両手で使用する	・パジャマに着替える	・排便が自立する ・就寝前の排尿	・前ボタンをかける ・両袖を通す ・靴下をはく ・着脱衣の自立 ・靴の留め金がとめられる	・食前に手を洗う
おおむね4歳	・握り箸を終了する ・食べなれない物や嫌いな物でも自分の力で食べようとチャレンジする ・友達と一緒に食事をする楽しさを共有できる				・髪をとかす ・鼻をかむ ・一人で顔を洗う
おおむね5歳	・一定時間内に食べ終えようとする	・昼寝をほとんどしなくなる ・睡眠時間は9～10時間程度	・排便が完全に自立する		・一人で朝の歯磨きをする ・就寝前の歯磨きが習慣になる
おおむね6歳	・箸を正しく使う ・挨拶を自らして食べる	・昼寝の終わり ・就寝前の排尿へ自ら行く			

3．基本的生活習慣獲得の援助

(1) 援助の基本姿勢

① 年齢が小さいほど個人差が大きいことを念頭に置いて、一人一人の発達状況に応じて、根気よく臨機応変に援助する。

> 事例1 「排泄」 2歳5か月
> 　今年の4月に入園したA男（2歳5か月）は、家庭ではずっと紙おむつで生活をしてきている。6月になりクラスの友達は、便器での排泄を試みるトイレットトレーニングを始めている。食事の後や午睡の後など、タイミングが合えば排泄出来る子もいる。8月になり、「うんち」「しっこ」などを告げられる子も出てきている。しかしA男は、友達の便器での排泄を見ても、自分からはまねようともしない。便器での排尿も一度も成功しない。まったく尿意を感じていないようである。そこで保育者は、急がず、根気よく排泄のタイミングを見計らって、何度でも、便器での排泄に誘うことが大切である。

② 子どもの興味や意欲を触発する遊びを用意して、遊びに誘導し生活習慣を身につける機会とする。

> 事例2 「靴を履く」 2歳7か月
> 　A女（2歳7か月）は、外遊びが好きで、最近は砂場でのプリン作りに夢中になっている。早く外に出たいとの気持ちがはやり、裸足で砂場に直行しようとする。「Aちゃん、お靴は？」と言いながら保育者が靴を運んでいく。そこで今日は保育者が靴箱の前で「Aちゃんお靴はこう」「Aちゃんは上手にお靴をはけるよね」と声をかけ、保育者は腰を下ろして、A女が出来ないところ（靴の後ろを引っ張り）を援助して「Aちゃんできたね」とほめる。数日間同じような援助を繰り返す。このように優しく細やかにかかわることで、難しい課題にも挑戦しようとする意欲や持続力を引き出す。

③ 清潔にすることや季節に合った衣服の着脱が気持ちいいと思う体験を積み重ねていく。

> 事例3 「気持ちいいね」 1歳8か月
> 　B男（1歳8か月）は少し頭が大きい。衣服の着せ替えをとても嫌がる。毎朝パジャマで登園する。母親は朝の忙しい時間に泣かれるのが辛いのだろう。「着替えお願いします」と言って服を保育者に差し出して急ぎ足で去っていく。
> 　そこで保育者は、母親に首周りの大きいTシャツや大きさが調節できるシャツを用意していただく。それでもなお頭に突っかかる。「Bちゃん突っかかり、いやだねー」とB男の気持ちに寄り添いながら「でもほら、気持ちよくなったね」「そのTシャツかっこいい」と言いながら、汗で汚れたパジャマを脱ぎ、洗濯したシャツに着替える。土や水で濡れたり汚れたりした時にも、B男の気持ちを汲み取りながらも、気持ちよさを体感することを増やしていくことで、家庭での着替えを嫌がらなくなる。

④ 乳児期の授乳は、飲みたいときに飲みたいだけ飲みながら、大人の食事リズムにだんだん近づく。また、手づかみの時期を大切にして、自分の意志で食べる楽しさを十分体験させるために、箸やスプーンを使うことを急がない。噛む、飲み込むなどの口腔機能の発達や消化能力の増大に合わせた離乳を進める。常に個人差を考慮し、食事のマナーの無理強いをしないように、楽しい食事になるようにする。

> 事例4 「一緒に食べよう」 1歳
> 　1歳児の部屋では手掴みで食べる。
> 　1歳児の部屋にもスプーンを使って食べる子もいる。スプーンを使っている子は時々お椀をカンカンと叩いて音を立てて楽しそうである。手掴みの子はそれを見て笑いながら食べ物を持っている手を揺らしている。みんなと一緒を楽しんで食べる。

⑤ 1日の大半眠っている新生児は、昼夜の区別がついていないが、だんだんと起きている時間が長くなり、夜の睡眠時間も長くなる。そして夜は休息、昼は活動と、昼夜の差が出来るようになり、大人の生活リズムに近づいてくる。しかし大人の生活リズムに合わせ、夜遅くまで起きていると、子どもの生活リズムは乱れ、睡眠不足になる。

図1　1歳児の部屋では手掴みで食べる

図2　1歳児の部屋にもスプーンを使って食べる子もいる

　個人差はあるが、乳児は午前・午後各1回、幼児になると午後、午睡をしている。年齢が大きくなり体力が出来ると、午睡をしなくなるが、一人一人の生活の状況に合わせた睡眠の取り方が大事である。午睡時間が長すぎて夜になかなか寝つかれないこともあるので、家庭との連携がとても大切である。

2節　子ども同士のやりとりを育む

1．人とかかわる力を育む

　特定の大人との間に生まれる親密な情緒的結びつきや信頼関係で結ばれる愛着は、自分の欲求にあった応答的なかかわりの中で、心地よさや安心感を持ち、人に対する信頼が生まれるようになる。この愛着関係（アタッチメント）が芽生えると、外界とより主体的にかかわろうとするようになる。ギブソン（Gibson, J.J. 1979）によれば、人は誕生時からまわりの環境と活発な相互交渉を行う能動的な活動主体であり、物理

的・社会環境のなかで「自分はどこに位置し、誰と関わっているのか」について赤ちゃんなりに原初的な意味で気づいている。そして、この相互交渉を繰り返すことで、人と関わる力を獲得していく。

事例1　三項関係の育ちが子ども同士の関わりを育む。

Y男（1歳6か月）は、入園して間もないP男（5か月）が泣いていると自分のもっていたボールを差し出した。

2．子ども同士でかかわる力を育む

事例2　〈遊んであげるね〉

あっ　ころがった！

せいちゃん　ボールどうぞ！！

P男が1歳3か月になったある日、保育室で8か月のS男が、ボールを取りに行こうとするのを見ていたP男は、そのボールで遊んであげようとした。このことは、自分が年上のO男やクラスの友達からうけた向社会的行動（思いやりの行動）をモデルとして、S男に自ら示した行動と考えられる。

事例3　〈自己紹介〉

P男（1歳4か月）は、自ら積極的に年下のT男に話しかけている。まだ1語文が話せるようになったばかりのP男はジェスチャーを交えて、自己アピールしている。

3．異年齢での遊びが、豊かなかかわりを育む。

事例4 〈プレゼント〉

右側の1歳児が園庭に出てきた。左側の3歳児は自分の使っていた遊具を1歳児に渡して関係性を持とうとしている。真ん中の2歳児はその行為を笑顔で見て、自分も1歳児といい関係を保とうとしている。

姉妹のいないS女（5か月）は、5歳児や4歳児から笑顔で話しかけられ、年上の子どもに限りない興味を持つ。

4．葛藤が子ども同士の関わりを育む。

 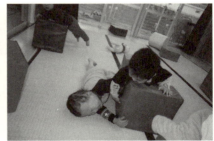

P男（1歳2か月）とU男（1歳3か月）がソフト積み木の奪い合いになった。その様子を後ろで見ているK女（1歳6か月）。P男はU男の激しさに呆れて、積み木を明け渡した。P男とK女は気持ちをコントロールすることを自らの意思で学んだ。

5．創作意欲が子どもの同士の関わりを育む。

年長児の5階建ての家造りをじっと見ていた4歳児3人組は「自分達も作りたい」という思いが湧き、3人で力を合わせ3階建ての家を作って大満足。

5歳女児2人と4歳女児2人の4人は、アジトづくりに精を出している。地面に立てた棒の上にのせる板のバランスがうまくとれないで苦労している。「そこ持って」「うん」「あれ取って」等声を掛け合って作っている。異年齢の自然な関わりが生まれている。

6．同じ目的をもって、同じ場所で同じ空気の中で群れ、関わりを深める。

5歳児クラス全員で大きな正月飾りの「もち花」を作った。時間をかけ、ていねいに、保育園の大きな木に作り上げた成就感と新年を迎える楽しさを共感し、仲間意識や絆を深めている。

5歳児5人が力を合わせて作った「5階建てマンション」の最上階に上って誇らしげに天空を仰いでいる子、下を見下ろして高さを再確認している子。この成功体験が仲間の関わりを深める。

3節　年齢別の保育

1. 乳児の発達特性を踏まえた保育実践

　ポルトマン (Portmann, A.) は「生理的早産説」を唱え、人間の赤ちゃんの無力さを述べた（本書6章参照）。しかしながら科学の進歩によって研究が進み、新生児や胎児の能力が明らかにされてきている。たとえば、胎児が、生まれてから発揮する能力の練習をしていることも明らかになってきている。さらに、人間は生命の誕生から死にいたるまで、発達し続ける存在である。したがって何歳になるとこのような発達の姿が見られるとの考え方よりも、発達の道筋や発達の過程を見つめながらの保育が望まれる。

　乳児は、児童福祉法、母子保健法などの法律上の規定では、「満1歳に満たないもの」と規定されている。そして2017（平成29）年度に告示された「保育所保育指針」でも、乳児保育は出生から1歳に満たない0歳児の保育とされている。

(1) 視覚、聴覚などの感覚や、座る、はう、歩くなどの運動機能が著しく発達し、特定の大人との応答的な関わりを通じて、情緒的な絆（きずな）が形成されるといった特徴がある。（…）乳児保育は、愛情豊かに、応答的に行われることが特に必要である[7]。

(2) 身体的発達に関する視点「健やかに伸び伸びと育つ」、社会的発達に関する視点「身近な人と気持ちが通じ合う」及び精神的発達に関する視点「身近なものと関わり感性が育つ」[8]ように乳児保育の実践が求められている。

(3) 養護における「生命の保持」及び「情緒の安定」に関わる保育の内容と(2)の視点との一体的保育が求められる。[9]

7　保育所保育指針第2章・1・(1)ア
8　第2章・1・(1)イ
9　第2章・1・(1)ウ

2．1歳以上3歳未満児の発達特性を踏まえた保育実践

　感染症にかかりやすい時期であり、体の状態、食欲、機嫌などの観察を十分行い、適切な判断と保健的な対応も求められる。また探索活動が活発になるので、事故防止に努めるとともに、全身を使う遊びを取り入れる。そして園での連絡・報告・相談を綿密にして、職員間の連携を密にする。

　一方自分の感情や他者の気持ちに気付く大切な時期であり、情緒の安定を図りながら、子どもの自発的な活動を尊重して、自我の形成を促していく保育実践が求められる。次に挙げる3項目の基本的事項に留意する。

(1) 歩き始めから、歩く、走る、跳ぶなどへと、基本的な運動機能が次第に発達し、排泄(せつ)の自立のための身体的機能も整うようになる。つまむ・めくるなどの指先の機能も発達し、食事、衣類の着脱なども、保育士等の援助の下で自分で行うようになる。発声も明瞭になり、語彙も増加し、自分の意志や欲求を言葉で表出できるようになる。このように自分でできることが増えてくる時期であることから、保育士等は、子どもの生活の安定を図りながら、自分でしようとする気持ちを尊重し、温かく見守るとともに、愛情豊かに、応答的に関わることが必要である[10]。

(2) 心身の健康に関する領域「健康」、人との関わりに関する領域「人間関係」、身近な環境との関わりに関する領域「環境」、言葉の獲得に関する領域「言葉」及び感性と表現に関する領域「表現」を総合的に実践する[11]。

(3) 保育内容は、養護における「生命の保持」及び「情緒の安定」に関わる保育の内容と(2)の視点との一体的保育が求められる[12]。

10　第2章・2・(1)ア
11　第2章・2・(1)イ
12　第2章・2・(1)ウ

以上のことを踏まえ、3歳未満児（乳児も含める）の保育実践で心がけることについて述べる。
① 一貫性と継続性を持った応答に心がける。
② 感覚刺激マッサージ（タッチケア）や皮膚直接哺育（カンガルーケア）、抱っこや身体接触（スキンシップ）などを積極的に取り入れる。
③ 発達の見通しをもってかかわる。
④ 家庭の状況や発達の個人差が大きいので、保護者との連携を密にする。
⑤ 愛情豊かに、ゆったりとした雰囲気つくりに努める。
⑥ 感染症にかかりやすい時期なので、養護面の配慮を十分する。
⑦ 他者との感情体験の共有を豊かにし、他者への信頼性を形成し、対人関係の基礎的な感性を養う。
⑧ 自尊感情（自分はかけがえのない存在であり、他の人認められていると感じること）を育てる。

3．3歳以上児の発達特性を踏まえた保育実践

　基本的生活習慣がほぼ自立できるようになり、運動機能が発達し、基本的動作が一通りできるようになる。語彙数の急激な増加や知的関心が高まってくる。集団遊びや協同的な活動もみられる。個の成長と集団としての活動の充実を図る保育実践が求められる。また、活動全体を通して、育みたい資質・能力や小学校就学までに育って欲しい、具体的な10項目を鑑みた保育・教育課程の作成と実践が望まれている[13]。

　以上のことを踏まえ、3歳以上児の保育実践で特に心がけることについて述べる。
① 子どもの興味・関心を誘い出す保育の環境を整える。
② 子どもが自ら遊びを選び、熱中して遊び続けられる環境にする。
③ 子どもの育ちや発達の支援を、親と共に考えることを大事にする。

13　保育所保育指針第1章総則4・(2)

④　子どもの生きる力を信じ、子ども同士の人間関係の構築に努める。

4節　形態別の保育

　保育の形態・方法は、保育所（園）・幼稚園・認定こども園で異なる。それぞれの保育理念に基づいた保育・教育課程（カリキュラム）が作成されている。その課程の目的・目標を達成するために、様々な保育形態・方法を用いて実践している。

(1)　自由保育
　保育者の指導目標や指導の意図はあるが、できるだけ子どもの興味・関心や自発的な活動に寄り添いながらの保育である。活動の主体を子どもに置く保育形態である。
　子どもたちは、クラス全体で活動するというよりも、グループでの活動や異年齢での活動が多い。クラスや年齢をあまり重視しない保育である。

(2)　一斉保育
　クラスの子ども全員に対して、同一時間に、同一の活動を、同一の方法で一斉的に行う保育である。
　保育者の指導的意図が子どもの活動によく反映される。保育者は、特定の活動を事前に計画し、効率よく保育することが出来る。

(3)　設定保育
　保育のねらいや目標を達成するために、保育者が計画的に保育の展開を意図して実践する保育である。保育者の願いや思いを重視した保育である。保育課程に沿った指導計画（年・月・週・日）を作成し計画に基づいた保育実践である。園内・外の実践保育の研究時には、この方法を用いることが多い。

(4) 異年齢保育

同一年齢にこだわらずに、年齢の異なる子どもを一緒に保育する方法である。縦割り保育・グループ保育・混合保育とも呼ばれる。

保育所や認定こども園では、長時間保育が行われているので、午前中はクラス別保育をし、午後の時間外保育や延長保育時間帯には、縦割り保育に移行することが多い。1日のデイリープログラムの中で子どもの様子に柔軟に対応して方法を用いている。

(5) コーナー保育

保育者がいろいろな遊びの場を用意しておき、子どもが自分で遊びの場を選び、保育者は子どもが選んだその遊びを尊重して援助する保育である。子どもの主体性や自主性、友達とのコミュニケーションを大切にしている。ままごと・製作・絵本・粘土・着替え・描画コーナーなどを設定し、遊びの集中力や継続性を重視した保育である。

(6) 解体保育

同一年齢の枠にとらわれないで子どもの興味・関心・行動を重視し、子どもが自由にグループをつくり、遊の展開によって流動的に群れたりして、思い思いのままに生活や遊びをつくり出していく保育である。

縦割り保育・グループ保育・混合保育と呼ばれたりもする。

実際には、子どもの発達状態や集団の大きさなど様々な状況の違いがあるので、保育の形態や方法に捉われないことも大切である。子どもが常に自発性をもって、自由な気持ちで何に取り組んでいるかどうかという、子どもの意識が重要である。

参考文献・引用文献

Gibson, J.J.(1979). The Ecological Approach to Visual Perception. Houghton Mifflin Company, Boston.
厚生労働省（2017）．保育所保育指針〈平成29年告示〉フレーベル館
文部科学省（2017）．幼稚園教育要領〈平成29年告示〉フレーベル館

内閣府・文部科学省・厚生労働省（2017）．幼保連携型認定こども園教育・保育要領〈平成29年告示〉フレーベル館
谷田貝公昭・高橋弥生（2009）．データでみる幼児の基本的生活習慣（第2版）一藝社

コラム11　保育を創造するということ

　保育所（園）は、大きな大きな家であり、0歳児から5歳児が遊びや生活をする場所であり、学びの場であると考える。子どもたちは大家族の兄弟・姉妹である。大勢の兄弟姉妹が気持ちよく、時にはトラブルもありながらも、共に暮らすための家である。この大家族の子どもたちが、巣立って大人になったとき、この家＝保育所（園）をとにかく楽しかったと思うだけでなく、「自分が育った心の故郷は、この家だ」と言える保育所（園）を創る。全職員（保育士・調理員・栄養士・看護師）一丸となって、子どもにとっての最善の利益を守り保障するために、保護者の意向やニーズを鑑み、地域の特性を活かしながらカリキュラム・マネジメントを構築し、新たな保育の環境をデザインする。

　例えば、子どもにとっての幸せとは、① 遊ぶ自由があること、② 表現の自由があること、③ 自己充実が実現できること、④ 愛されていると実感できることであり、それをこの大きな家での保育理念とする。

　次にこの理念に基づいた保育方針として、① 年齢別のクラスはあるが、限りなく流動性を持たせる。乳児、1・2歳、3歳以上児の3グループが流動的に活動する。解体保育とコーナー保育をイメージする。② 活動の流動性や展開・深化することを、子どもの主体的活動に委ねる。③ 一人ひとりの興味・関心を最大限重視し、コンピテンス（人間が環境と効果的に相互交渉する力）を自己効力感へと導く。④ 全ての職員、保護者は子どもの生きていく力を信じ、安全・安心を第一に考えた配慮に努める。⑤ 地域に開かれた保育所（園）として、保育内容をドキュメンテーション化して発信する。⑥ 地域の子育て支援を積極的に保育カリキュラムに位置づける。

　そして具体的な保育方法として、① 戸外活動の重視、② 子どもの表現活動（ものつくり・リズム表現・絵画表現）の重視、③ 園内に常設コーナー（ままご

と・絵本・製作・着替え・絵画等）を設定（図を参照）、④ 畑での栽培活動重視、⑤ 小動物の飼育等を通して、子ども同士のモデリングを重視する。保育士が動き回るのではなく、子どもが動くことをイメージした保育の環境をデザインする。

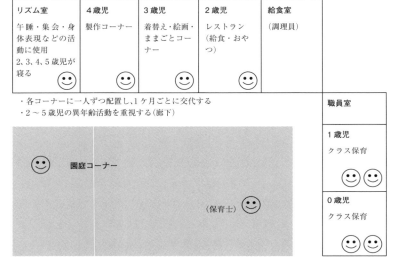

図11　保育環境のデザイン

第12章 「子どもの姿」を記録する

1節　発達理解の方法

1．観察によって理解する

　子どもを理解するためには、まず子どものありのままの姿をよく観ることが基本となる。理解をさらに深めるために、子どもを観察して記録し、分析・考察していく方法を「観察法（observational method）」という。

　観察法の種類については以下の通りである（図1）。

① 自然観察法（natural observation）

　　自然のままに生じる事象や行動を観察する方法である。

② 偶然的観察法（incidental observation）

　　偶然の機会に観察した記録や印象を収集する方法である。

③ 実験的観察法（experiment observation）

　　調査の目的にしたがって意図的に場面を設定し、そこで起こる行動を観察する方法である。たとえば保育室に遊具やおもちゃを意図的に設置して、その行動を観察しようするものは、これにあたる。

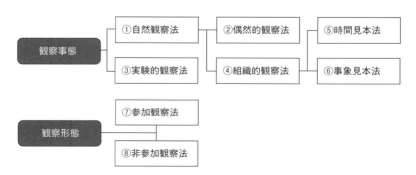

図1　観察法の種類

④ 組織的観察法（structured observation）
　あらかじめ観察のための計画を立ててデータを系統的に収集する方法である。
⑤ 時間見本法（time sampling）
　観察する時間帯や観察する時間の長さを決めておく方法である。
⑥ 事象見本法（event sampling）
　ある特定の行動に焦点をあて、状況の文脈の中で観察する方法である。観察する行動をカテゴリー化し、チェックリストを作成しておく方法などが代表的である。
⑦ 参加観察法（participant observation）
　観察者が対象と同じ場面や集団に入り、対象とともに同様の環境状況のもとで行動する方法である。観察者は子どもにとっての環境の一部になり少なからず影響を及ぼす。保育者が保育しながら子どもを観察する場合はこの方法になる。
⑧ 非参加観察法（non-participant observation）
　ワンウェイ・ミラーや視聴覚機器などを使って観察者が対象から姿を隠して観察する方法である。

　記録の仕方は観察の種類によってさまざまであるが、第三者が読んでも分かるように、子どもの行動や場面を具体的に記録することが基本となる。5W2H（いつ（When）、どこで（Where）、だれが（Who）、なにをして遊んでいるのか（What）、どのようなきっかけで遊んでいるのか（Why）、どのような方法で遊んでいるのか（How）、どのくらい遊んでいるのか（How long））を心がけて記録するとよい。フィールドノートに記録したり、ビデオやICレコーダー、写真などを併用したりすることで、記述の不十分なところをいくらか補うことも可能である。

2．発達検査を通して理解する
　観察法などで得られた記録に、発達検査で得られた客観的な情報を加えることによって、子どもの発達理解の助けになることがある。発達検

査は、あらかじめたくさんのデータを集めて統計的に信頼性と妥当性を検証して作成されている（これを「標準化」という）。これらは発達の筋道をとらえた有効な支援のための指標となり得る。「早い―遅い」「できる―できない」ということの検出を目的にするのではなく、子どもの発達を総合的にとらえながら、保育実践や指導計画などに活かしていくことを目的とする。

発達検査は0歳児から使用でき、発達年齢（DA：development age）や精神年齢（MA：mental age）、発達指数（DQ：developmental quotient）を算出するものもある。ここでは、乳幼児健康診査や保育・教育機関などで用いられている発達検査を簡単に取り上げる。

① 乳幼児精神発達診断法

『乳幼児精神発達診断法0才〜3才まで』（津守・稲毛，1961；増補版1995）、『乳幼児精神発達診断法3才〜7才まで』（津守・磯部，1965）が刊行されている。この診断法は、保護者の日常的な観察に基づいており、特別な検査用具を必要としないため、時間や場所を問わず実施できる。なお、増補版に際して発達指数の換算は行わないことになっている。

② 新版K式発達検査（適用年齢：生後100日後〜成人）

京都市児童院（1931年設立、現京都市児童福祉センター）で開発され、1983年『新版K式発達検査増補版』、2001年に『新版K式発達検査2001』が刊行されている。検査用具や検査項目の多くは臨床経験が生かされており、子どもにとっては遊び感覚で取り組めることから、自発的かつ自然な行動を観察しやすい。

③ 遠城寺式乳幼児分析的発達検査法（適用年齢：0歳0か月〜4歳8か月）

小児科医の遠城寺宗徳を中心に1958年に標準化された検査である。現在は1977年に改訂された「九大小児科改訂版」が用いられている。本検査の特徴は、乳幼児発達の傾向を全般的にわたって分析し、その子の発達の個性を見出すことである。特別な器具や技能を必要とせず、生

活年齢を中心に検査問題を進めていく。

④ KIDS（キッズ）乳幼児発達スケール（0歳1か月～6歳11か月）

　1989年全国38都道府県の乳幼児約6000名によって標準化された検査である。保護者などによって乳幼児の日頃の行動に照らして○×で回答する。場所・時間の制限を受けずに短時間で診断することができる。

2節　保育記録の意義

1．保育所保育指針等における記録の意味
(1)　子どもの「発達過程」を振り返る視点

　保育所保育指針等では、子どもに育てたい「資質・能力」を「知識・技能の基礎」、「思考・判断・表現力等の基礎」、「学びに向かう力、人間性等」の3つの柱で示し、子どもの発達を、環境との相互作用を通して育まれていく過程としてとらえている。「幼児期の終わりまでに育ってほしい姿」（「健康な心と体」「自立心」「協同性」「道徳性・規範意識の芽生え」「社会生活との関わり」「思考力の芽生え」「自然との関わり・生命尊重」「数量・図形、文字等への関心・感覚」「言葉による伝え合い」「豊かな感性と表現」）、いわゆる10の姿についても到達目標ではなく、「～ようになる」という過程としてみていく必要がある

事例1　「幼稚園に川をつくろう！」　　　　　　　5歳児（9月）

　「幼稚園に川があったら楽しいだろうな」と1学期に一度は、地面を掘っていくことを試みていた子どもたちであったが、あまりの土の固さと暑さに一時中断状態になっていた。
　2学期に入ったある日のこと、泥んこ沼に蜘蛛がいるのを見つけたJ夫が、蜘蛛を触りながら「もう1回川をつくるのを挑戦しようよ」と言い出した。少しほど掘った1学期のときの痕跡がわずかながら残っていたので、J夫はバケツを持ってきて水を流してみた。しかし、水路がふさがって水が流れないため、J夫はシャベルをもってきて新たに掘り始めた。「3月までに出来たらいいね」と1日を費やして取

り組んだJ夫の意欲は集いの場でも発揮された。「川をつくるのをもう1回チャレンジしようと思って掘ったんだよ」とJ夫が取りくんだ様子をクラスの皆に伝えると、H夫が「ぼくも川をのばしたい」と言い出した。保育者は、彼らのイメージがみんなに伝わるように、カレンダーの裏を利用して泥んこ沼の絵を描き、それぞれにどのようにのばしたいのかを描いてもらった。そして、J夫の「3月までに」という期待を皆で共有しながら、その日を終えた。

　翌日から、多くの子どもが川づくりに加わってきた。固い箇所をトンカチで崩していったり、泥んこ沼に水がたまっている時は、その水をかけて土を柔らかくしたりして、工夫をこらしながら作業を進めた。水路ができると、幅を拡げたり深く掘っていったりするほか、別のコースを作っていく子も出てきた。さらに、木の橋を渡そうとする子は、渡した橋が動かないように固定するため、端と端を土で固めていったりもした。「金魚やあめんぼも一緒に泳げたらいいね」「さるやうさぎさんも水を飲みにくるかな」「山の動物たちがみんな遊びに来たらいいね」「そうしたら動物幼稚園になっちゃうね」などと会話をはずませながら、また、「今日はここまでしよう」と線を引いては目標を決めて、少しずつ進めていった。

　ようやく1か月後に川が貫通し、水を流すと、その水を求めてたくさんのトンボの群れがやってきた。予期せぬトンボの訪問であった。「わー、トンボ幼稚園だ～」「言ってたことが本当になったね～」と子どもたちの喜びも倍増し、充実感にあふれた活動になった。

　川といっても幅約30cmあるかないかの細い水の道であるが、後もその小さな川は、ダムや船遊び、光る石見つけ、跳び越え遊びなど、さまざまに利用された。

　事例1は、幼児期の終わりまでに育ってほしい姿の「協同性（友達と関わる中で、互いの思いや考えなどを共有し、共通の目的の実現に向けて、考えたり、工夫したり、協力したりし、充実感をもってやり遂げるようになる）」を示すものではないだろうか。具体的な完成図のイメージなどを友達と共有しながら、明日までという短い目標と3月（卒園）までという遠い目標の見通しをもち、固い地面の性質もよく理解し、トンカチを使ったり、水をかけて土を柔らかくしたりしながら工夫して取り組んでいる。挑戦しようという意欲をもち、1か月も粘り強く取り組

んだからこそ、喜びや充実感も得られたのであろう。このように遊びひたる子どもの姿の中に資質・能力が自ずと表れるのだと考えられる。
　したがって、資質・能力を育てるために遊びがあるのではなく、子どもが環境と関わり、ひと・もの・ことが複雑に絡み合う状況や過程の中で資質・能力が一体的に、知らず知らずのうちに育つ、それが子どもの「発達の過程」だととらえられよう。こうした状況や過程を記録することによって、子どもの発達過程にあらためて気づくことができるのである。この事例の考察では、継続して一つのものを作りあげていくことのできた要因として以下の4点をあげている。

① 活動の魅力（全身を思い切り使い自分の力を試していけること）
② 内面的要素の充実（年長児である自分たちが「みんなのために作るんだ」という使命感、保育者に支えられなくても「できる」という自信や課題に対する思い入れの強さなど）
③ 技能的要素の充実（実現化し得る遂行力、これまでの経験と照らし合わせながら方法を吟味したり工夫したりする力や追求力、見通す力）
④ 友達との応答性（自己主張しながら他者の思いも受け入れたり譲歩したりしていくやりとり）

　これらのことからも保育者は子どもたちの発達に必要な体験が得られるような状況づくりや必要な援助を行いながら、表面上には見えにくい一人一人の「資質・能力」や「幼児期の終わりまでに育ってほしい姿」を見取り、光を当てていくことが大切ではないだろうか。そのためには、子どもの行動の意味や心の動き及び内面の育ちを丁寧にとらえていくことが必要となる。

(2)　保育者の「保育の過程」を振り返る視点
　子どもの「発達の過程」と同時に「保育の過程」を捉える視点も重要である。保育の過程とは、計画、実践、省察・評価、改善の一連の循環

的な過程のことをいう。保育所保育指針の総則には、「3 保育の計画及び評価 (3)指導計画の展開 エ」に「保育士等は、子どもの実態や子どもを取り巻く状況の変化などに即して保育の過程を記録するとともに、これらを踏まえ、指導計画に基づく保育の内容の見直しを行い、改善を図ること。」とある。

また「(4)保育内容等の評価 ア保育士等の自己評価の項目（ア）」に「保育士等は、保育の計画や保育の記録を通して、自らの保育実践を振り返り、自己評価することを通して、その専門性の向上や保育実践の改善に努めなければならない。」とある。

子どもの思いにそった援助になっていたか、手立ての後どのような変化が見られたか、環境の構成は適切だったかなど、保育の過程を記録に残して丁寧に振り返っていくことが求められる。ありのままに書けば、自分の失敗や至らないところにも向き合わざるを得ず、落ち込んだり悩んだりすることもあるが、こうした記録によって自らの保育実践を客観的に見直すことができ、次の保育の見通しとともに保育の質の向上、さらには自分自身の成長へとつながっていく。

2．保育記録の実際

(1) 保育記録のあり方について

保育現場の記録には、メモ、保育日誌、個人記録、面接記録、保育要録、指導案（長期・短期）、園務日誌、会議記録、行事の記録など、たくさんの種類がある。中教審答申（2016）では「日々の記録や、実践を写真や動画などに残し可視化したいわゆる『ドキュメンテーション』（図2）、ポートフォリオなどにより、幼児の評価の参考となる情報を日頃から蓄積す

図2　遊びの過程の記録

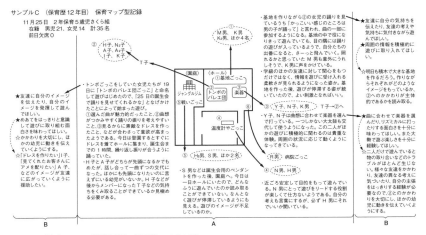

図3　保育マップ型記録（河邉，2008）

る」ことの大切さが明記されており、写真、動画なども子どもの発達過程を示す記録として有効であることがうかがえる。なおポートフォリオとは、バインダーの意味があり、一人一人の記録を積み重ねたものを指す。

　また、子どもの経験や活動内容を軸となるひとつの項目から関連する項目に枝分かれさせて図式化する「くもの巣（ウェブ）型記録」や、園内のマップ上に子どもの遊びの様子や保育者の反省を記録する「保育マップ型記録（図3）」なども複雑で動的な状況や環境の変化を含む「保育の過程」を示す保育記録として注目できよう。

　家庭との連携において、連絡帳や園・クラス便りなども「発達の過程」と「保育の過程」を保護者と共有するための手段として重要である。

　今井（2009）は保育記録を書くことの意味として「書きながら自分と子どものやりとりを相対化して見るもう一人の自分」、「第三の視点が生まれることによって、保育を客観視する力が養われていく」と述べている。鯨岡（2004）も、大人（養育者や保育者）は、子どもの思いに添って子どもの思いを受け止める「子どもの目」と大人のこうしてほしいという思いを伝える「大人の目」、さらにそれらの目になっている自分を眺める「第三の目（反省する目）」を養うことの重要性を説いている。

(2) 子どものつぶやきから出発する

　保育という大きな時間の流れの中で、何を記録にとればよいのか迷ったときには、子どものつぶやきによって心を動かされたことや驚いたことなどを保育記録の出発点にしてはどうであろう。

事例2　「どっちもかわいそうだね」　　　　　　　　4歳児（5月）
ミミズにアリがたかっているのを見ていたS児
S児　「ミミズさんがかわいそう」
担任　「そうだね」
しばらく見た後
担任　「アリさんもおなかが空いているみたい」
S児　「どっちもかわいそうだね」
担任　「うん」

　「ミミズさんがかわいそう」という子どものつぶやきを、ありきたりの姿だと受け流していれば記録として残らなかったであろう。このささやかなやりとりのなかに、子どもと自然の出会いを大切にしている担任のありようや、子どもと担任との間に流れているおだやかな時間が垣間見られる。また担任の声がけによって、S児が生命にふれながらミミズとアリの両方の立場に気づき心を豊かにしている様子がうかがえる。

(3) 間主観的に記述するということ

　事例2をもとに、記録についてもう少し考えてみよう。事例2では、担任がこの一連のエピソードをどのように受け止め、どのような思いでかかわっているのかまでは読む側に見えてこない。

　保育するからには、必ず保育者の子どもへの深い愛情や関心、願いや思いがあるはずである。鯨岡（2006）は、「『あなた』の意図が『いま、ここ』において『あなた』から『私』へと伝わる」ということを間主観性であると述べており、「主体として受け止め、主体として返すという、目に見えない心と心が触れ合う局面にこそ、保育の本質がある」と説いている（鯨岡，2007）。また、目に見えないものを見えるものにするた

第12章　「子どもの姿」を記録する

めに、間主観的要素の強いエピソード記述を記録として残すよう勧めている。その背景には、子どもの心の育ちへの危機感や「させる」保育への警鐘がみてとれる。

　エピソード記述の記録方法は、事例1のように、なるべく保育者の主観が入らないように記すことが求められてきた、これまでのものとは異なり、保育者自身を主語に用いる。子どもや状況への思いなど表面上には見えない保育者の感情の動きも記録に残すことで、子どもの行動の意味やその背景の考察をより真実に迫って深めていけるという利点がある。さらに鯨岡（2015）は、エピソード記録とエピソード記述を区別しており、前者は「自分が忘れないため」のもの、後者は「読み手に分かってもらおう」とするものであることを述べている。自分の保育を振り返るだけでなく、自分の体験を共有してもらい、議論することによって子ども理解を深め、一人一人の心に目を向けた保育につなげていこうとする意図がある。この観点からみると、事例2はまさに前者にあたるものである。エピソード記述を意識して書き換えるとどのようになるであろうか。以下は、同じ担任が加筆したものである（事例3）。

事例3　「どっちもかわいそうだね」　　　　　　　　4歳児（5月）
〈背景〉
　S児は3年保育の4歳児である。4月に新入園児が入園し、クラスの人数も20人から35人に一気に増えた。S児は進級児であり、私は3歳児から持ち上がりとなった。S児は好奇心旺盛で明るく活発な子であるが、ここのところクラスの活動をするときに、なかなか来なかったり、集団の場でわざとふざけたりする姿が目につくようになっていた。前日も全園児合同の誕生会があったが、座っている友達の膝の上に座ってはしゃいでいたため注意すると、「もう幼稚園なんか来たくない！　面白くない！」と言い、そっぽを向いた。
〈エピソード〉
　クラスの活動に入る前、S児がまだ部屋に戻ってきていないことに気づき、園庭に目をやると、広い園庭の真ん中あたりでぽつんと一人しゃがみこんでいる姿が目に入った。皆が部屋に戻っているのだから、周りの状況がわからないはずがない。わざと来ないつもりなのではな

いかと思いながら呼びに行くと、じっと一点を見つめていた。ミミズにありがたかっていたのである。
　「Sくん」と呼びかけると、私に気づいたS児がおもむろに「ミミズさんがかわいそう」とつぶやいた。なにげない日常のなかのことを、こんなにも新鮮に見ているS児の姿や感性に思わず魅せられ、「そうだね」と応えて保育者も腰を落として一緒に様子を見た。そうするとアリも必死に動いている様子が感じられたので「アリさんもおなかが空いているみたいだね」と言うと、「どっちもかわいそうだね」と言ってきた。「うん」と反射的に応え、しばらく二人でじっと見た。
〈考察〉
　最近S児との心のずれを感じていた。エピソードの姿にふれるきっかけは、S児の感性に魅せられたものであったが、それを通して、ここのところ新入園児への対応に追われてゆっくりS児と関われていなかったこと、集団とはずれる行為が目について、本来のS児のよさを見る視点が薄れ、負の関わりばかりが蓄積していたことなどに気づかされた。進級児ということで、「分かるはず」「できるはず」と思い、知らず知らずのうちにプレッシャーをかけたり、S児のSOSともとれる行動を抑制させようとしたりしていなかったかと反省させられた。思い起こせば、クラス全体の活動に入らなかったときも、別の活動をするわけではなく、ベンチに座って見ており、決して無関心なわけではなかった。反抗的に思える行動の裏には、新入園児が入ったことによる、これまでと異なる生活に、担任を取られたようなもどかしさや居場所を無くしたような心の葛藤があったのかもしれない。このときのやりとりの時間は数分だったと思うが、時が止まっているように感じた。二人だけの世界が守られた時間でもあったような気がする。子どもに寄り添うことの大切さを実感した。私のS児に対する見方や考え方が変わったからか、それ以後S児が私に対して、3歳児クラスのときのように積極的に関わってくるようになった。
　新生活の始まる4月は、保育者にとって怒涛の日々である。特に生活経験の異なる進級児と新入園児が混ざるクラスは、入園児のみのクラスとはまた異なる苦労が伴う。

　事例3のように担任の思いを背景から綴ることにより、問題意識が鮮明となり、事例2とは明らかに様相の異なる保育の営みが伝わってくる。ミミズとありを介して2人の時間が静かに流れる中で、結果的に心のわ

だかまりが解けていったことが分かる。物理的にも精神的にもSくんに「寄り添う」ことができていなかったことに気づき、「寄り添う」ことの感覚を取り戻すことのできた、担任にとって大きな意味をもつ大切な時間であったことが読み取れる。

　職員間で読み合うことにより、学びはさらに深まり、保育の質の向上が期待されるであろう。「あるがまま」をさらけ出して記述してこその学びであるため、職員間の信頼関係が前提にあることも押さえておきたい。

参考文献・引用文献

今井和子（2009）．保育を変える記録の書き方評価のしかた　ひとなる書房, p.13.

中央教育審議会（2016）．幼稚園、小学校、中学校、高等学校及び特別支援学校の学習指導要領等の改善及び必要な方策等について（答申），p.76.

河邉貴子（2008）．明日の保育の構想につながる記録のあり方　保育学研究．46 (2)，245-256.

鯨岡峻・鯨岡和子（2004）．よくわかる保育心理学　ミネルヴァ書房

鯨岡峻（2006）．ひとがひとをわかるということ——間主観性と相互主体性　ミネルヴァ書房

鯨岡峻・鯨岡和子（2007）．保育のためのエピソード記述入門　ミネルヴァ書房, p.62.

鯨岡峻（2015）．保育の場で子どもの心をどのように育むのか——「接面」での心の動きをエピソードに綴る　ミネルヴァ書房, pp.17-18.

倉橋惣三（1976）．育ての心（上）　フレーベル館, p.31.

厚生労働省（2017）．保育所保育指針解説書　フレーベル館

文部科学省（2017）．幼稚園教育要領解説書　フレーベル館

中澤潤・大野木裕明・南博文編著（1997）．心理学マニュアル観察法　北大路書房

コラム 12 　　　　子どもを間主観的にみる

　子どもを「みる」とき、どのような気持ちでみているだろうか。例えば、ニコニコと笑っている子どもが目に入ったとき、おもわず「可愛らしいなあ」と見惚れ、自分の頬も緩んでいることに気づくことがある。逆に泣きじゃくっている子どもが目に入ったときはどうであろう。胸がキュンとしめつけられる思いをしたことがある人は多いだろう。

　これが、保育の場になると、どうだろう。同じ光景であるのに、「何を楽しいと感じているのだろう」「泣いている理由は何だろう」といった考えが、一瞬のうちに頭に広がっていくのではないだろうか。もちろんそれは大切なことである。しかしながら、「子ども理解」の視点が先行し、心で受け止めることが追いやられてはいないだろうか。保育者として「保育しなければ」「育てなければ」というフィルターがかかってしまってはいないだろうか。また、保育は集団の場でもある。全体の流れを考え、個の充実している遊びをしっかり受け止めないまま、片づけのタイミングを計っている自分がいないだろうか。子どもたちの心にいかに寄り添えているのだろうか、とふと考える。

　その一方、子どもとのかかわりの中で、表面的には「みえないもの」が「みえた」感覚を覚えることがある。感じ取るという表現の方が適しているかもしれない。鯨岡（2006）は、「あなた」の主観のある状態（気持ち、気分、意図など）が「あなた」と「私」の「あいだ」を通って「私」の主観のなかに伝わってくることを「間主観的である」ととらえ、相手の主観のなかの出来事がこの「私」に分かることを「間主観的に分かる」と述べている。子どもに心を寄せているからこそ感じ取ることのできる感覚であろう。感情体験の共有なくして子ども理解はできないのかもしれない。「お世話になる先生、お手数をかける先生。それは有り難い先生である。しかし有り難い先生よりも、もっとほしいのはうれしい先生である。そのうれしい先生はその時々の心もちに共感してくれる先生である」（倉橋惣三「廊下で」『育ての心』）。子どもにとって「うれしい先生」をめざしたいものである。

トピックス 5

子ども理解と支援
―― A子の育ちと集団の育ち ――

　5歳児のA子は2歳児程度の発達と診断されていた。4月当初、担任だった私が話しかけると、オウム返しはするものの目が合わず、友達からのはたらきかけにも、ほとんど無反応だった。また、保育室から出て行くこともたびたびあった。

　そんなある日、A子はクラスの集団遊びの場に、お気に入りの粘土を持ってきて遊び始めた。私は、クラス集団の雰囲気を感じながら遊ぶチャンスだと考え、それを受け入れた。ところが、他の子どもたちに、「Aちゃんは特別だ」という思いを抱かせてしまったようである。A子のことを赤ちゃん扱いし、必要以上に世話をしようとしたり、「Aちゃんは（一緒に行動するのは）無理だから」と決めつけるような声が聞かれたりした。みんなと同じ5歳児の友達だということをわかってもらうには、A子と子どもたちとの心の通い合いが必要であると考えた。そのために、まずはA子と私が目を合わせることができるようになることに努めた。登園時には、「Aちゃん、おはよう」と両手を軽く握って声をかけ、A子が気付くと、「見て。先生の目の中に、Aちゃんいるよ」と、A子の視線が私の目に向くよう、毎日、はたらきかけた。友達からのはたらきかけに気付かないときは、友達の存在を感じられるよう、「Aちゃん、Bちゃんが『ごはんをどうぞ』って、渡してくれているよ」などと身振りを交え、丁寧に橋渡しをしていくよう心がけた。

　日々の積み重ねにより、1学期後半には、私と目を合わせてあいさつをするようになり、2学期には「おはよう」と、登園する子に自分から声をかけていくようになった。また、自分の思い通りにならずにかんしゃくを起こす姿も少しずつ減っていった。遊びから片付けの切り替えができないときは、楽しさを共有した後、「あと何回する？」と聞けば「5回」などと答え、我慢することも覚えていった。A子の変化に伴い、他の子どもたちの、A子に対する一方的な関わりは次第に少なくなり、A子の思いを聞いて行動するようになっていった。さらには、子どもたち同士が、互いの目をよく見ながら話すようになっていったのである。A子の育ちは、明らかに、クラス一人一人の子どもたちの育ちにつながっていた。

　子どもには、一人一人の発達の姿がある。一人一人に寄り添い、大切にかかわっていく保育者の姿勢が、クラス集団に反映されていくことを実感した。互いに認め合い育ち合う集団になるには、成長を急がず、一人一人をかけがえのない存在として尊び、主体はあくまでも子どもであるという保育者の心もちが大事なことではないかと考える。

第13章　障害のある子どもと向き合う

1節　発達障害とは

　発達障害の名称は、診断基準により様々な名称や略称があるが、本書では障害の名称として「知的障害」「自閉症スペクトラム障害」「注意欠如・多動性障害」「学習障害」「発達性協調運動性障害」等を用い、（　）内にアメリカ精神医学会（APA）が2013年に公開したDSM-5の名称を併記する。

　「発達障害」という名称も、DSM-Ⅳで『通常、幼児期、小児期、または青年期に初めて診断される障害』となり、さらにDSM-5では『神経発達症群／神経発達障害群』に変更されている。

1．知的障害（知的能力障害群又は知的発達症／知的発達障害）

　知的障害は、標準化された知能検査で測定した結果、知能指数がIQ70以下の場合をいい、療育手帳[1]では、軽度（IQ 51 〜 70）・中度（IQ 36 〜 50）・重度（IQ 21 〜 35）・最重度（IQ 20以下）の4つに分類されている。

　知的障害の原因は、疾病によるもの、生理的な要因によるもの、育つ環境によるものなどが考えられるが、原因が不明であることが多い。保育園や幼稚園では、軽度〜ボーダーレベル（IQ 70 〜 85）の遅れが多く、「言葉の遅れ」や「友だちとうまく遊べない」といった様子から気づかれる。

---

[1] 障害者の手帳には、「身体障害者手帳」「療育手帳」「精神障害者保健福祉手帳」（表紙には「障害者手帳」の名称となっている）があり、各都道府県（または政令指定都市、中核市）で発行され、都道府県等によって基準が若干異なる。税金やバス料金等の減免のほか様々なサービスが受けられる。

子どもの発達を促すには、その子どもの発達の力を知り、指導者の下でできることから（発達の最近接領域（ヴィゴツキー，1978））を知ることで、発達をよりよく伸ばすことができるので、知的なレベルを知ることは重要である。

　また就学に際しては、普通学級、特別支援学級、特別支援学校などの中から選択できるが、就学後の適応が心配される場合には、就学相談を受け、知能検査も受けることが推奨される。

2．自閉症スペクトラム〈ASD〉（自閉スペクトラム症／自閉症スペクトラム障害）

　自閉症スペクトラムは社会性の障害であり、①コミュニケーションの障害（言葉の遅れや質的な障害）②社会性の障害（対人関係が苦手）③想像力の欠如（こだわり、先に見通しのつけにくさ）④感覚の過敏性（音や匂いなどへの過敏性・鈍感性、偏食など）という４つの特徴を有する。

　DSM-Ⅳでは、広汎性発達障害（PDD）の中に「自閉性障害（自閉症）」「アスペルガー症候群」「小児期崩壊性障害」「レット障害（レット症候群）」「特定不能の広汎性発達障害」が含まれていたが、DSM-5ではレット障害を除いた４つを統合して、自閉スペクトラム症／自閉症スペクトラム障害と分類されるようになった。

3．注意欠如・多動性障害〈ADHD〉（注意欠如・多動症／注意欠如・多動性障害）

　DSM-Ⅳでは注意欠陥・多動性障害の名称で行動障害に含まれていたが、DSM-5では神経発達症群／神経発達障害群に含まれるようになった。不注意（集中力がない）、多動性（じっとしていられない）、衝動性（考えずに行動してしまう）の３つの特徴のあらわれ方に応じて、不注意優勢型、多動性―衝動性優勢型、混合型に分けられる。DSM-Ⅳでは広汎性発達障害と注意欠陥・多動性障害の併記は認められなかったが、DSM-5では自閉症スペクトラムと注意欠如・多動性障害の併記が認め

られるようになった。

　注意欠如・多動性障害には薬物療法が有効で、大人の場合でも「ストラテラ」（アトモキセチン）と「コンサータ」（塩酸メチルフェニデート徐放剤）を使用することが多いが、食欲不振などの副作用があるので、医師と相談しながら、用量・用法を守る必要がある。

4．学習障害〈LD〉（限局性学習症／限局性学習障害〈SLD〉）

　読字障害、書字表出障害、算数障害、特定不能の学習障害に分類されるが、幼児期に学習障害の診断を受けることは少ない。知的障害とは区別される。

5．発達性協調運動障害〈DCD〉（運動症群／運動障害群の一つ）

　日常生活における協調運動（手と手、手と目、足と手などの個別の動きを一緒に行う運動）が、年齢や知能に応じて期待されるより不正確であったり困難な状態のことをいう。人間の運動には大きく分けて、粗大運動（身体全体を使う運動）と微細運動（手先を使った細かい作業）があり、粗大運動には、寝返り、這う、走るのような「先天的に持っているもの」と、泳いだり自転車に乗ったりといった「後天的に学ぶもの」がある。

　発達性協調運動障害は、自閉症スペクトラム、注意欠如・多動性障害、学習障害との併発が多い。

　DSM-5の『神経発達症群／神経発達障害群』には、上記のほかに、「コミュニケーション症群／コミュニケーション障害群」（9章の言語障害を参照）や「他の神経発達症群／他の神経発達障害群」もある。

　子どもの発達障害は、上記のいずれかにぴたりと当てはまるとは限らないので、細かい行動観察や情報収集が必要である。例えば、強いこだわりがある子どもの場合、言葉の意味の理解が得意ではないか、感覚の過敏性はないか等を細かく見ていくと、様々な特徴がみえてくる。

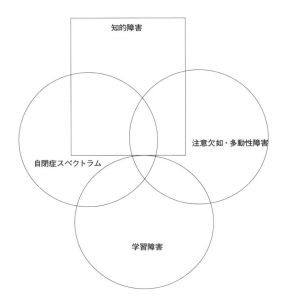

・自閉症スペクトラムの知的レベルは、高低の幅がある。
・注意欠如・多動性障害は、ほとんどの場合知的障害を伴わないが、わずかに伴う場合もある。
・限局性学習障害は、知的障害を伴わない。
（この図の面積は、知的障害を伴う場合のパーセンテージを表してはいない）

　図1　DSM-5における発達障害の概念図と知的障害との関係

2節　障害とではなく、子どもと向き合うということ

1．行動の気になる子ども

　保育園や幼稚園で子どもたちの遊ぶ様子を見ていると、つい激しい行動に目を奪われがちである。
・本の読み聞かせのとき、走り回ったり、違う遊びをしている。
・友だちがおもちゃを貸してもらおうとすると、取られまいとしてその子を叩いたり、噛んだりする。
・外遊びが終わっても、「もっと遊びたい」と主張する、等。

　上記のような行動がみられる場合、それぞれの理由があるに違いない

が、行動が逸脱していることばかりを注視してしまう傾向がある。本人が何に困ってそうしてしまうのかを理解し、その対処法について具体的なイメージを持つことが大切である。そのためにはまず、子どもを理解するためのポイントを押さえるのが出発点となる。

(1) **年齢相応の発達をしているか**

子どもを見るときの視点として、最初に確認しなければならないことは、年齢相応の発達の力を持っているかどうかということである。最初にあげた本の読み聞かせの例では、本の内容が理解できなければ、「つまらない」と感じてその場から離れようとしたり、違うことを始めようとしてしまう。

年齢相応の力があるかどうかは、

精神年齢 ÷ 生活年齢 × 100 の計算式で算出することができる。

本来は、発達検査や知能検査を使って算出するのが正確であるが、たとえば5歳児向けでは「じっとして聞いていられない」が4歳児向けの本ならば「じっと座って見ている」ということであれば、4歳÷5歳×100 ＝ 80 となり、同年齢の80％くらいの理解力があるという見当がつく。

それ以外にも、「ちょうだい」ができるのは10か月くらい、3つくらいの物の名前が言えるのは1歳くらい、「〜を持ってきて」ができるのは1歳半くらい、自分の名前や年齢が言えるのは3歳前くらい、といった発達の目安を知っていると、その子どもの年齢とできる行動を照らし合わせて、大体の目安をつけることができる。こういった年齢の目安は、経験的に分かるだけでなく、正しい知識として日頃から身につけておくことが大切である。

(2) **興味が持てない**

同じ本の読み聞かせであっても、内容が分からないというよりは、その本の内容に興味がわかないという理由で、読み聞かせに参加しない場合には、自閉症スペクトラムの特性（想像力の欠如）による可能性が考えられる。また、とにかくじっとすわっていることができない、何か別の物が目に入って注意がそがれてしまう、というような場合には、注意

欠如・多動性障害の可能性が考えられる。そういった可能性があるとすれば、その特性を補う対応をするとよい。読み聞かせの本の内容をその子どもの興味に合わせたり、本を読んでいる間、保育者が膝の上に乗せてそっと子どものお腹に手をまわし行動を制限するといったやり方も1つの方法である。

　(3)　**言葉でうまく伝えられない**

　2つめの例で、相手を叩く・嚙むといった、相手を傷つける行動をするときには、本人は「取らないで！」「ぼくまだ遊びたいの！」と思っているが、それを言葉で伝えることができないので、その表現できない気持ちをおとなが代弁するとよい。また遊び場所の配置を考えることで刺激を軽減することができる。

　(4)　**先の見通しがつけられない**

　3つめの例は、外遊びを途中でやめることが難しい場合、本人は「ここで遊ぶのを止められたら、二度と遊べないかもしれない。どうしよう？　この世の終わりだ！」くらいに感じている。これは「想像力の欠如」つまり自閉症スペクトラムの特性を持っている可能性がある。十分な遊びの時間をとり、終わりの目安を伝えておくと、気持ちの切り換えがし易くなる。

　以上のように、発達障害の特徴を知っていることで、子どもの行動の意味を想像し易くなる。

2．子どもの困っている気持ちに寄り添う

　行動の気になる子どもをみつけること、その原因を突き止めること、まではできたとして、さてどういう対応をしたらよいか、ということが次の課題である。しかし、対処法ばかりを追い求めてはならない。それぞれの子どもの「困っている気持ちに寄り添う」ことが大切である。

　自閉症スペクトラムの子どもは、基本的には「叱る」というやり方ではうまくいかないことが多い。恐ろしい顔や声だけが印象として残ってしまうし、恐ろしいだけで具体的な指示がなければ、どうしたらよいか

が伝わらない。注意欠如・多動性障害の子どもであれば、叱られることばかりが増え、自己肯定感が低下する。

　子どもの困っている気持ちに寄り添うには、

> 分かりやすい環境を作る
> 見通しをつけやすくする
> 分かりやすいルールを作る
> 分かりやすい言葉かけをする

といった方法が有効である。また知的レベルに合わせた配慮も必要で、発達の速度がゆっくりな子どもの場合には、一つずつ着実に積み上げていく方法で丁寧に経験を積み重ねていくとよい。知的レベルが全体に高い子どもであっても能力が分野によってばらつきがあれば、それぞれの分野の発達レベルに合わせる必要がある。

　また、子どもの要求に追従したり、言葉で指示するといったことではなく、行動の「枠組み」を視覚的に示すことが大切である。

3節　子育て支援

　発達の程度や行動の様式が気になる子どもは、子ども自身が生活上の困難を感じていると同時に、保護者も「育てにくさ」を感じ、かついつまで続くのか見通しがもちにくいため、心身の疲労は深刻である。

　発達の特徴を知ることは非常に大切なことではあるが「わが子が集団の中で楽しく過ごせている」ことを見て安心できることが、保育者による保護者支援の第一歩であり、さらには、保護者が、子どもと離れて骨休めできるような「一時保育」などもうまく活用できるとよい。

　「保育所保育指針」の第4章に、保育士による保護者に対する支援について定められているが、入所児の保育のみならずその保護者や地域の保護者からの要望にも応じられるようになっている。

4節　保育園・幼稚園と外部機関や小学校・地域との連携

1．外部機関

　保育園や幼稚園で、発達や行動が気になる子どもについては、各園の巡回相談員と問題点を共有し、外部の専門機関とも連携する。

(1) 医療機関

　子どもの発達を専門としている医療機関を選ぶことで医師の診察（診断）や心理士による発達（知能）検査、場合によっていは療育を受けることができる。

(2) 児童相談所

　各都道府県および政令指定都市に設置されており、18歳未満の子どもを対象とし、様々な相談を受けることができる。

(3) 保健センター

　各市町村に設置され、1歳6か月児健診や3歳児健診の集団健診が行われている。健診後のフォロー事業などがあり、発達の相談や医師の診察が受けられる。

(4) 児童発達支援センター

　児童福祉法で児童福祉施設として定義されており、各地域における児童発達支援の中核的な役割を担っている。施設に通う子どもの通所支援のほか、地域にいる障害のある子どもや家族への支援、保育園・幼稚園などの障害のある子どもを預かる機関との連携・相談・支援も行っている。放課後等デイサービスを併設している施設もある。集団的・個別的療育、理学療法士（PT）／作業療法士（OT）／言語聴覚士（ST）等の専門的な療育（訓練）を受けることもできる。通所受給者証が必要である。

(5) 児童発達支援事業所（民間）

　障害のある未就学の子どもが地域で発達支援を受けられる施設である。児童発達支援センターは地域の中核となる専門施設であるが、地域に密着した形で、ここ数年の間に事業所の数は倍増している。子どもの育ち

を家族とともに見守り、それぞれの子どもに合わせた「個別支援計画」を立て、それをもとに様々な療育が行われている。通所受給者証[2]を取得することで利用料の負担が軽減できる。

保護者は専門機関を利用することに対して抵抗を感じることが多いので、保護者の心配な気持ちに寄り添い、日々の保育や家庭生活での対処法の工夫を伝えながら、専門機関を利用する必要性やメリットを伝えて動機づけをしていくことが大切である。しかしながら、特に両親ともに就労している場合には、時間的な余裕がないために、利用するのが容易ではないのが実情である。

2．就学への移行

1990年代後半以降、小学校1年生が授業中に落ち着かず、騒いだり動き回ったりして学習が成立しないという事象が「小1プロブレム」として問題にされ、幼児期から小学校への移行をなめらかにする取り組みとして、各地で保幼小連携・接続事業が試みられてきた。現在では、保育園（幼稚園）から小学校への保育所児童保育要録（幼稚園幼児指導要録）の提出が定着し、次のステップへの橋渡しの役目を担っている。保護者から小学校への「就学支援シート」（地域によって呼び名は異なる）を提出する慣習もできつつある。さらに保護者は、各市町村に設置されている「就学前相談」の窓口でも相談することができる。

3．小学校および地域との交流

保育園や幼稚園を卒園したあと、小学校での生活や地域における過ごし方のイメージを持てるように予め小学校や地域との交流を深めておくことは重要である。学童保育とは別に、「放課後等デイサービス」は、

2　通所受給者証・入所受給者証
　児童福祉法にも基づく支援・サービスを利用するために必要な証明書のことである。支援内容は、児童発達支援事業所や放課後等デイサービスといった家庭から通うタイプの通所と、施設に入所して支援を受ける入所支援に大きく分かれ、それぞれ「通所受給者証」または「入所受給者証」が必要である。通所受給者証は、居住地の市区町村の福祉担当窓口・障害児相談支援事業所などに申請する。サービス支給の決定後に事業者と契約することができる。入所受給者証は各都道府県の児童相談所に申請を行う。

小学校1年生から高校卒業までの児童生徒を対象とし、それぞれの子どもに合った個別支援計画を立て、自立に向けた様々な体験を積んでいくことを目的としている。この場合も、通所受給者証が必要となる。

参考文献・引用文献

飯田聡彦（2008）．保育所保育指針解説書　フレーベル館

市川奈緒子（2016）．気になる子の本当の発達支援　風鳴舎

厚生労働省（2009）．乳幼児健康診査に関わる発達障害のスクリーニングと早期支援に関する研究成果――関連法規と最近の厚生労働科学研究等より

厚生労働省（2014）．「健やか親子21（第2次）」について 検討会報告書

久我利孝（2016）．保育士のための発達障害児の見つけかた　同成社

LITALICO 発達ナビ https://h-navi.jp/ (2018.1.21)

日本臨床心理士会（2014）．乳幼児健診における発達障害に関する市町村調査 報告書

髙橋三郎・大野裕（2014）．DSM-5 精神疾患の診断・統計マニュアル（日本語版）医学書院

瓜生淑子・西原睦子（2016）．発達障害児の発達支援と子育て支援――繋がって育つ・つながりあって育てる　かもがわ出版

ヴィゴツキー, L.S.（1978）．Mind in Society:Development of Higher Psychological Processes.Cambridge,MA.*Harverd University Press.（土井捷三・神谷栄司（訳）（2003）．発達の最近接領域の理論――教授・学習過程における子どもの発達　三学出版）

山崎嘉久（2015）．標準的な乳幼児期の健康診査と保健指導に関する手引き――「健やか親子21（第2次）」の達成に向けて

コラム 13-1　巡回相談による保育園との連携

　地域によって違いがあるだろうが、筆者が巡回を担当している東京都内の保育園では、月1回（6時間）訪問することになっている。

　『要支援児保育巡回指導概要』の「指導内容」によると、「家庭状況・生育歴などを把握し、保育園における要支援児の保育状況、発達状況を観察する」というのが巡回指導員の任務である。またそれらの状況から「指導方針を検討し、保育士等に指導方法などを教授するように」とも書かれており、さらに「保育園における記録の取り方の指導や、保護者に対し、家庭における子どもの見方及び接し方等の指導もお願いする場合がある」「園長が必要と認める場合には、要支援児加算認定会議に申請する園児の発達検査（保護者了承のもと）、報告書の作成をお願いすることがある」（一部改変・省略）となっている。

　現在巡回している区立の保育園は、最寄り駅から徒歩12分ほどの住宅街の中にあり、0歳児は9名、1歳児は13名、2歳児は18名、3〜5歳児は各20名、合計100名の園である。そのうち要支援児は現在3名だが、多い日は7〜8名の子どもについて助言を求められる。

　朝、筆者が園に到着すると、児童票や日誌などに目を通し、園長に最近の園全体の様子を聞いてから、室内外の午前中の保育の様子を観察する。要支援児のうちの一人A君は3歳で入園した当初には着替えをすべて保育者に任せていたが、学年が終わる頃には一人で衣服をたたむことができるまでに成長した。

　お昼休みの間には、要支援児の保護者と面談し、面談終了後に担任とカンファレンス、最後に園長と本日のまとめをして帰路に着く。巡回を重ねるにつれて、担任のみならず保育園全体として要支援児やその保護者への理解が深まっていく。

コラム 13-2 これからの乳幼児健康診査に求められるもの

　乳幼児の健康診査については、既にコラム 9 にも書いたが、平成 13 年度から「すこやか親子 21」(「すべての子どもが健やかに育つ社会」の実現を目指し、関係するすべての人々、関連機関・団体が一体となって取り組んでいる国民運動)が始まり、母子の健康水準を向上させるために様々な問題に取り組んでいる。

　さらに平成 27 年度からは「すこやか親子 21 (第 2 次)」(〜平成 36 年)が始まり、「育てにくさを感じる親に寄り添う支援」(子育て中の親が、育児に対して少しでも余裕と自信をもち、親としての役割を発揮できる社会を構築する)が重点課題の一つとなっている (厚生労働省, 2014)。

　この目標を達成するために、乳幼児健診の中でも、様々な取り組みが行われている。育児支援に重点をおいた乳幼児健診を行っている自治体の数は 2000 年には 6 割程度であったのが、2005 年には既に 9 割近くまでになっており、さらに増加する傾向がみられる (厚生労働省, 2009)。

　保健センターでは、集団健診の際だけでなく、生まれた直後から就学前まで、いつでも相談することができるのが最大の利点である。1 歳 6 か月児健診や 3 歳児健診などで相談ができるのは勿論のこと、保育園や幼稚園で発達や行動が気になった場合に、健診や育児教室などで何度も行ったことのある慣れた場所であるため、保護者は比較的抵抗なく相談に訪れることができる。

　同じ市町村に継続的に居住していれば乳児期からの発達の経過が一目で分かるようになっているが、途中で他市や他府県に転出するような場合にも、保護者の了解があれば「申し送り」をしてもらえるので安心である。5 歳児健診もまだ限られた市町村ではあるが実施され始めている (日本臨床心理士会, 2014)。

第14章　**保育者のありかた**

1節　専門職としての保育者

1．保育者のアイデンティティ

　保育者とは、子どもを保育する者を指す。子どもを保育する者には、業務として保育を行う保育士や幼稚園教諭、家庭で子育てをする子どもの保護者も含まれる。本章では、保育を業務として行う「保育士」を目指す学生または社会人、キャリアアップをめざす現職の保育士を対象に、保育者としての職業的態度や姿勢、キャリアデザインにつながる保育者のあり方について述べる。特に、心理学を深く学ぶことでどのように保育に生かせるのかを見ていくこととする。

　アイデンティティとは、自分はこうであると自分が思える自己同一性のことであるが、保育者である私がやはり自分は保育者だと思えるためには、どのようなことが考えられるであろうか。この節では、業務として保育を行う保育士の資格を目指す者として、保育士の資格と仕事について知り、さらに心理学を深く学んだ保育者だからこそのアイデンティティについて考えていく。

2．保育士という資格

　保育士とは、児童福祉法において、「保育士とは、第18条の18第1項の登録を受け、保育士の名称を用いて、専門的知識及び技術をもつて児童の保育及び児童の保護者に対する保育に関する指導を行うことを業とする者」（第18条の4）と規定されている（第18条の18第1項の登録については後述する）。

　この児童福祉法でいう保育士とは、法で規定された登録を受けた者であって、保育士という職業の名称のもと、専門的知識および技術をもち、

児童の保育だけでなく、児童の保護者に対する保育に関する指導を業務として行う者を指している。

　このような保育士という名称をつかって、業務として保育に従事するためにはどうしたらよいのだろうか。保育士になるためには、大きく二つのプロセスがある（児童福祉法18条の6）。

　ひとつは、保育士を養成する4年制大学や2年制または3年制の短期大学・専門学校といった指定保育士養成施設（いわゆる養成校）を卒業することである。なお、保育士養成校の修養年限は「2年以上」となっており、夜間部、昼間定時制部または通信教育部については3年以上となっている。学ぶ内容は養成校によってさまざまだが、厚生労働省による指定保育士養成施設指定基準による保育士養成校として定められた教育課程や実習の単位を修得し、卒業することが求められる。

　もうひとつは、保育士試験に合格することである。保育士になるためには、この2つのどちらかを経ることが必要となる。厳密には、保育士として働くためには、指定保育士養成校の卒業または保育士試験に合格したあとに、都道府県の保育士登録簿に記載される事務手続きが必要となる。よって、卒業や合格で安心してしまい、この事務手続きを怠ると「保育士」として業務に従事できないので注意が必要である（図1）。

　このように、保育士になるためには、養成校に入学し授業を受けて実習に行き、単位を修得し卒業する。または、国家試験を受けて筆記試験や実技試験に合格することによって保育士の資格を取得できる。そして、保育士として働くためには、都道府県の保育士登録簿に記載される事務手続きを行い登録され、かつ保育所等に就職することで可能となる。

　そして、保育の現場に出てから、乳幼児の発達の面白さや保護者への相談援助の難しさといった心理学の奥深さに気づき、もう一度、大学や大学院に入学し、本格的に発達心理学、臨床発達心理学といった心理学を学ぶ保育士も少なくない。この傾向は保育所の勤務年数が少ない若手から主任や園長クラスのベテランの保育士にもみられる。これは、自身の経験や限られた研修だけでは、発達障害などさまざまな背景をもつ子どもの理解が難しい、多様なタイプがいる保護者への対応をスキルアッ

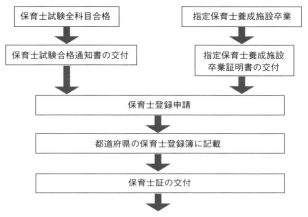

図1 保育の資格である「保育士」になるまでの流れ

プしたい、あるいは保育者としての経験を特定の園に限らず、社会で広く活かしてみたいといった理由があるのではないだろうか。

わが国の保育の原理・原則となる平成29（2017）年3月31日に厚生労働省告示第117号として告示された「保育所保育指針」では、第1章の総則に養護に関する基本的事項として、「養護」の重要性が示されている。「養護」とは、「生命の保持及び情緒の安定」と定義される。保育が、乳幼児を"保"護して、教"育"するということであるとすれば、養護および教育を一体的に行う保育ができることが保育者には求められる。保育を深めるために心理学を学ぶ保育士は、特に心理学の専門性を生かし、子どもの情緒の安定につながる知見を学び続ける必要がある。

2節　保育者のキャリア

1．保育を学んだ保育者のキャリア

キャリアとは、国語の意味としては「経歴、経験。職業。特に、専門的な知識や技術を要する職業」（大辞林，2006）を指す。保育者のキャリア、そして経歴となるライフコースにはどんなものがあるだろうか。

保育者のキャリアは、職業としての保育者である場合、まず保育に関わる資格・免許をもって保育の仕事をするか否かで異なる。

　さらに、保育に関わる資格・免許には、保育士の資格、幼稚園教諭、保育教諭の教員免許がある。

　保育にかかわる資格・免許を生かした専門職として、働くことのできる主な職場は、保育士資格を生かす場合には、「保育所」、「児童福祉施設」がある。そして、幼稚園教諭免許を生かす場合は「幼稚園」、保育教諭の免許または保育士と幼稚園教諭の両資格・免許を生かす場合には、「認定こども園」が考えられる。

　保育者のキャリアのステップアップとしては、新人保育者から始まり、3年、5年、10年と経験を積み上げていくことで、現場を取りまとめる「主任」、そして職場の責任者となる「園長」・「施設長」へと重みと責任ある立場へと職位が上がっていく。主任と園長の立場の間には、幼稚園なら教頭、保育所なら副園長といった役職を置くところもみられる。児童福祉施設の場合には、複数の施設を統括する統括主任やリーダーといった立場で責任ある仕事を任されることもある。

　保育者のキャリアは、保育所、幼稚園で働く場合、「民間」と「公務員」でも大きく分かれる。特に、公務員として働く場合には、自治体（区市町村など）の採用試験に合格する必要がある。

　幼稚園への就職の場合には、私立の幼稚園（民間の教員としての勤務）か公立の幼稚園（公務員の教員としての勤務）で異なる。対象は就学前の幼児（3歳児から5歳児）であり、就学前の幼児教育を行う。

　認定こども園の場合には、0歳児から5歳児を対象として、保育と教育を行う。認定こども園には、4つの種類があり、認可保育園と認可幼稚園が合体・連携している「幼保連携型」、認可幼稚園に保育園の機能をプラスした「幼稚園型」、認可保育園が幼稚園の機能をプラスした「保育所型」、認可外の保育施設や教育施設が認定こども園としての機能を備えている「地方裁量型」がある。

　そのほか、保育士が働く保育所には、乳児のみを保育する保育所、0歳児〜2歳児を対象にした定員6名〜19名の小規模保育所、3歳児未

満の児童を保育者が居宅で保育する「保育ママ」などがある。

　施設の場合にも、勤務先にはさまざまなタイプが考えられる。保育士が働く施設には、児童の福祉施設はもちろん、成人である障がい者の福祉施設で働くこともある。

　主な児童福祉施設の例としては、児童養護施設、乳児院、知的障害児施設、知的障害児通園施設、盲ろうあ児施設、肢体不自由児施設、重症心身障害児施設、情緒障害児短期治療施設、児童自立支援施設、児童家庭支援センターなどがある。児童と成人の両者がいる施設には、母子生活支援施設といった施設もある。

　そのほか、常勤としては募集が少ないかもしれないが、保育士資格を生かし、小学生を対象とした学童保育を行う児童館で勤務することも考えられる。このように保育士資格をもち、児童（18歳未満）の保育を専門とする保育者の就職先には対象者の年齢も異なる多くの選択肢がある。

　保育者のキャリアを高めていくためには、就職して自身の仕事経験以外の保育の学びを辞めてしまうのではなく、初任者研修、3年研修、5年研修といった職場内外での研修で保育の学びを続けると良いだろう。

2．病院で働く保育者のキャリア

　保育者の勤務先には、保育所、幼稚園、認定こども園、児童福祉施設以外に、あまり知られていないが「病院」での常勤での仕事が考えられる。これはその病院に勤務する医師や看護師といった医療従事者の子どもたちを預かる病院外の「保育所」のことではない。病院内で子どもを保育する仕事である。たとえば、小児科のある大学病院や総合病院で入院病棟をもつ病院での勤務が挙げられる。

　通院で来院した子どもに対して、医師によるその子どもの診察の順番が来るまでの待機、医師による保護者への相談を行っている間に子どもの相手をする。また、保育者ならではの働きとして、治療や予防接種等で注射が嫌いな子どもにおもちゃ（玩具）での遊びで注意を惹きつける、あるいは、病気があり保育所や幼稚園に行けず、入院している子どもに

絵本の読み聞かせを行うなどがある。特に、点滴をつけたままの子どもを相手に病院で保育ができるのは、「病児保育」について深く学んだ保育者ならではのスキルかもしれない。

　入院している子どもは、保育所や幼稚園に通う子どものような集団での「夏祭り」、「ハロウィン」、「クリスマス」といった行事（イベント）を経験することができない。そのため、病棟に勤務する保育士は、病棟の飾りつけでハロウィンやクリスマスの装飾をする。病院で夏祭りがある際には、水風船やヨーヨー釣りなどのコーナーをつくり、入院している子どもたちを楽しませる工夫をする。このように、保育者である専門性を生かしたキャリアとして、小児科で入院施設のある大学病院や総合病院といった病院での常勤の勤務で働くことも考えられる。

3．保育を深めるために心理学を学び続ける保育士のキャリア

　それでは、保育を深めるために心理学をより専門に学び、学び続けた保育者のキャリア形成にはどのようなものが考えられるだろうか。

　まず、心理学に詳しい保育者が、ある保育所や幼稚園に勤務を続けた場合である。保育所や幼稚園では、校医である小児科医（または内科医）が行う内科検診以外に、臨床発達心理士、臨床心理士といった心理の専門家が行う「巡回相談」がある。

　臨床発達心理士などの発達や発達障害といった心理の専門家による巡回相談では、園の子どもやその保護者、勤務する保育士や幼稚園教諭を対象に、子どもの発達相談、保護者の子育て相談、幼稚園教諭や保育士の教育相談を行う。ただし、その巡回相談の回数は、月1回や月に2～3回程度であることが多い。たとえば、義務教育である小学校や中学校には、臨床心理士といった心理の資格をもつSC（スクールカウンセラー）が配置され、常勤ではなくとも非常勤として週1回程度は相談できる体制が整っている。他方で、保育所や幼稚園では、心理の専門家による巡回相談の頻度が小中学校よりも少ないため、心理の専門家に相談できる機会が限られている。そのような心理の専門家に頼りたくても頼りにくい保育の現場の現状を考えると、保育者自身が心理学を深く学び、

心理学の知識や技術を高めることで、発達障害などが背景にあり特別支援が必要な子どもやその保護者、そして同僚である保育士や幼稚園教諭の相談の力になれることが考えられる。

具体的には、さまざまな発達的特徴や性格特徴をもつ子どもの客観的な行動観察ができる、あるいは標準化された発達検査や知能検査といった心理検査を用いた心理査定（心理アセスメント）ができ、子どもの短期・長期の支援計画を立てることができ、子どもの発達支援につなげることである。

あるいは、保育士や幼稚園教諭自身が心理検査を用いたアセスメントができなくても、病院や療育施設といった他機関で実施され結果の出た子どもの心理検査の結果をもとにしたアドバイスを求められた場合に、保護者に保育園や幼稚園でのその子どもの様子（たとえば他の子どもとのやりとりの様子や集団での様子など）を踏まえて相談に乗ることができるという強みが考えられる。担任である保育士や幼稚園教諭は、普段での保育を通じて子どもの様子を観察しているだけでも子どもを理解する機会があり、保護者との相談の際に園でのエピソードを用いて子どもの特徴を説明できるかもしれない。しかし、保育者自身の主観に基づく説明だけでなく、客観的な観点からその子の強みや気になる点といった特徴を伝え、子育て支援につなげるためには、発達心理学や臨床発達心理学といった心理学を深く学んでいることが重要であるだろう。

保育所や幼稚園勤務以外での心理学をより専門的に学んだ場合の保育者のキャリアにはどんなものがあるだろうか。まずは、先ほど述べたように、月1回や月2～3回といった限られた回数ではあるが、保育園や幼稚園での「巡回相談」を行う仕事である。特定の園によらず、複数の園、あるいは複数の地域にある園を巡回して相談業務を行うという仕事である。特に、自身に保育園や幼稚園での業務としての保育経験があるならば、子どもやその保護者はもちろん、現場で働く保育者の立場に立って、働く保育者ならではの困り感や悩みを聴き、アドバイスができるであろう。

アカデミックなキャリアとしては、保育や心理学を教える大学・短大

の教員（教授、准教授、助教などの職位）になることが考えられる。保育だけの学びであれば、児童学科、子ども学科、保育学科といった保育者養成の保育を教える大学・短大の学部学科への就職も可能だが、心理学を専門的に深めることで心理学科、臨床心理学科や発達臨床コースといった心理学を教える大学への就職も考えられる。そのためには、心理学を専門に学べる大学への再入学や学部編入、大学院（修士課程や博士課程）に進学し、研究業績を積む必要があるが、すでに保育の資格をもち、現場経験もある実務家教員ならではの保育者のキャリアの強みが生かせると思われる。

そのほかの心理学を専門的に学んだ場合のキャリアには、厚生福祉施設での勤務が考えられる。たとえば、乳幼児を中心とした保育の心理学だけでなく、児童心理学、青年心理学といった幅広い年齢を対象にした心理学を詳しく学ぶことで、小学生や中高生が生活する「児童養護施設」の勤務のなかでその発達的年齢に応じた支援につなげることができる。

また、臨床心理学や家族心理学に加えて、「犯罪心理学」も専門的に学んだ場合には、非行を犯した児童が家庭的な養護的な関わりのなかで立ち直りを目指す「児童自立支援施設」、夫によるDV（ドメスティック・バイオレンス）の被害者である妻やその子どもの生活復帰を支援する「母子生活支援施設」、犯罪である虐待のケースを扱う「児童相談所」といった仕事に就くことも考えられる。

3節　保育者の専門性

保育者の専門性とは何だろうか。保育者の専門性とは、保育に関する専門的な知識や技術を有していることである。また、それらを活かして子どもや保護者に貢献できることが保育者には求められる。
保育士は、「児童の保育及び児童の保護者に対する保育に関する指導を行うことを業とする者」（児童福祉法第18条の4）と法に規定されていることから、保育士の業務とは、児童の保育と保護者に対する保育に

関する指導を指している。その保育士の業務を支えているのが、国家資格である保育士の専門性である。まず、保育士が業務の対象とするのは、子ども、そして保護者である。

　子どもの保育を行うためにはさまざまな専門的な知識や技術が必要であるが、わが国の保育士がすべき保育所保育の方針は、「保育所保育指針」に示されている（表１）。

　保育士が保育所で対象とする子どもとは乳幼児である。平成29（2017）年に告示された保育所保育指針では、その乳幼児の保育が乳児保育（いわゆる０歳）、１歳以上３歳未満児の保育、３歳以上児の保育と３つの区分に分けられ、その発達的特徴や保育のねらい及び方法が示されている。

　保育所における保育では、乳児保育（いわゆる０歳）、１歳以上３歳未満児の保育、３歳以上児の保育の３つの時期が示され、いずれも養護における「生命の保持」及び「情緒の安定」に関わる保育の内容と、一体となって展開することに留意することが、保育所保育指針に示されている。

　また、保育所保育指針における「保育に関わるねらいや内容」では、乳児保育（いわゆる０歳）では、（ア）健やかに伸び伸びと育つ、（イ）身近な人と気持ちが通じ合う、（ウ）身近なものと関わり感性が育つ、が示されてる。

　１歳以上３歳未満児の保育と３歳以上児の保育のねらい及び内容には、それぞれ五領域と呼ばれる「健康」、「人間関係」、「環境」、「言葉」、「表現」といった領域がみられる。

　それら５領域における保育に関するねらい及び内容では、「健康」では健康な心と体を育て、自ら健康で安全な生活をつくり出す力を養う、「人間関係」では他の人々と親しみ、支え合って生活するために、自立心を育て、人と関わる力を養う、環境では周囲の様々な環境に好奇心や探求心をもって関わり、それらを生活に取り入れていこうとする力を養う、「言葉」では経験したことや考えたことなどを自分なりの言葉で表現し、相手の話す言葉を聞こうとする意欲や態度を育て、言葉に対する

表1　保育所保育指針（平成29年、厚生労働省告示117号）の目次

第1章　総則
　1　保育所保育に関する基本原則
　2　養護に関する基本的事項
　3　保育の計画及び評価
　4　幼児教育を行う施設として共有すべき事項

第2章　保育の内容
　1　乳児保育に関わるねらい及び内容
　2　1歳以上3歳児未満の保育に関わるねらい及び内容
　3　3歳以上児の保育に関するねらい及び内容
　4　保育の実施に関して留意すべき事項

第3章　健康及び安全
　1　子どもの健康支援
　2　食育の推進
　3　環境及び衛生管理並びに安全管理
　4　災害への備え

第4章　子育て支援
　1　保育所における子育て支援に関する基本的事項
　2　保育所を利用している保護者に対する子育て支援
　3　地域の保護者等に関する子育て支援

第5章　職員の資質向上
　1　職員の資質向上に関する基本的事項
　2　施設長の責務
　3　職員の研修等
　4　研修の実施体制等

　感覚や言葉で表現する力を養う、「表現」では感じたことや考えたことを自分なりに表現することを通して、豊かな感性や表現する力を養い、創造性を豊かにする、と保育所保育指針に示されている。

そのほか、保育士は専門的知識として、保育所保育指針で幼児教育を行う施設として共有すべき事項とされる(1)育みたい資質・能力と(2)幼児期の終わりまでに育ってほしい姿を知っておかねばならない。

　(1)育みたい資質・能力では、保育所において、子どもが生涯にわたる生きる力の基礎を培うため、以下の３つの資質・能力を一体的に育むよう努めることが保育士には求められている。

　① 豊かな体験を通じて感じたり、気付いたり、分かったり、できるようになったりする「知識及び技能の基礎」。

　② 気づいたことや、できるようになったことなどを使い、考えたり、試したり、工夫したり、表現したりする「思考力、判断力、表現力等の基礎」。

　③ 心情、意欲、態度が育つ中で、よりよい生活を営もうとする「学びに向かう力、人間性等」。

　これらの資質・能力は、先ほどの五領域でのねらい及び内容に基づく保育活動全体によって育むものとされている。

　また、保育所保育指針では、保育所での保育において「育みたい資質・能力」を踏まえ、小学校教育が円滑に行われるよう、小学校教師との意見交換や合同の研究機会を設けること、「幼児期の終わりまでに育って欲しい姿」（図２）を共有するなどの連携を図り、保育所での保育と小学校での教育との円滑な接続を図るよう努めることが強調されている。

　そのほか保育者は、保育の内容として、「保育全般に関わる配慮事項」を覚えておかなければならない。具体的には、「保育全般に関わる配慮事項」、「小学校との連携」、「家庭及び地域社会」との連携である。特に、小学校との連携では、保育所での保育が、小学校以降の生活や学習の基盤の育成につながることに配慮すること、幼児期にふさわしい生活を通じて、創造的な思考や主体的な生活態度などの基礎を培うようにすることが示されている。

　さらに、保育士の専門性には、子どもの健康支援として、子ども健康

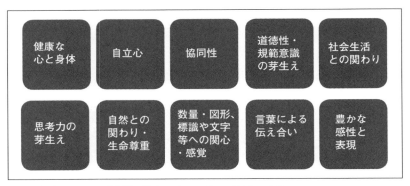

図2　保育における「幼児の終わりまでに育ってほしい姿」

状態並びに発育及び発達状態の把握、健康増進、疾病等の対応が求められる。子どもの感染症などの予防やアナフィラキシーショックなどのアレルギー対応ができる「子どもの保健」に関する専門知識が重要となる。

　そのほか、健康につながる「食育」、換気や採光などの環境の「衛生管理」、保育中のケガはもちろん、うつぶせ寝による乳幼児突然死症候群（SIDS）や誤飲による窒息死の防止、プール活動中の溺死といった事故、不審者等の侵入による事件の防止など「安全管理」、防火設備や避難経路の確認、火災や地震時には避難誘導ができるよう「災害への備え」、それらの協力が得られる「地域の関係機関との連携」といった健康や安全への配慮も保育士の大事な役割である。

　このような保育所保育指針に裏付けられた保育士は、「職員の資質向上」のために、職場での研修や外部研修を通じて、専門性の維持やレベルアップを目指すことになる。また、日々の保育では、「保育の計画及び評価」を行い、全体的な計画を立て、指導計画を作成し、展開し、保育内容等の評価を行う。保育所では、組織的な業務のPDCAサイクル（P：Plan 計画，D：Do 実行，C：Check 評価，A：Action 改善）を行い、保育者は日々の自分の保育実践を振り返り、省察を行い、自分なりに保育者としてどうあるべきかを考えつつ、保育者としての専門性を高めていく。

4節　心理学を活かした特別支援教育と子育て支援

1．保育者に求められる保護者への支援

　保育士にとっては、子どもだけでなく、「保護者」も重要な業務の対象である。保育士の業務として「保護者に対する保育に関する指導」（児童福祉法第18条の4）、保育所の保育士が留意するものとして、子育て支援（保育所保育指針第4章）があり、それらの専門性の向上が保育士には求められる。

　心理学を学んだ保育者は、保育現場でさまざまな葛藤（揺らぎ）を経験する。心理学を学んだ保育者の主たる専門性としては「発達の知識」とカウンセリング・マインドをもった「相談のスキル」であると考えられるが、子どもの保育、保護者を対象とした子育て支援は葛藤の連続である。

2．小学校への接続と保育現場での気になる子への葛藤

　子どもの保育の葛藤には、たとえば、集団保育の場面において、年長児になっても朝の会や帰りの会、絵本や紙芝居の読み聞かせの場面でたびたびじっとしていられない、他児とかかわる遊びができず、パニックを起こしやすいなど行動面で気になる子どもがいる場合がある。保育者には、その子の発達段階や発達特徴に応じた個別対応が大切であり、基本的にはその子の想いに寄り添い、心情・意欲・態度を育てる保育が求められる。

　他方で、集団場面での生活が中心となる小学校へと入学するという、小学校への接続を意識した就学前の年長児の保育も大切になる。そこには、その子の動き回りたい気持ちを汲み、保育室を飛び出しても叱らない、あるいは独りで遊びたい想いを汲み、協同遊びへの参加を強く促さない対応で良いのだろうかという葛藤が出てくる。また、気になる子のために、保育園では加配の保育士（職員）が担任以外に別に付く場合があるが、小学校の通常学級では、担任以外の加配の教職員が教室には入

ることは少ないと思われる。このように、小学校への就学を目前にした年長児の気になる子どもへの保育は、揺らぎを経験しやすいと思われる。

　幼児教育では、幼児期にふさわしい生活と教育のあり方を通して、小学校以降の生活や学習の基礎を培うことが求められる。また、幼児教育では、小学校教育をやりやすくするため、細かいマナーやスキルをしつけるということよりも、資質・能力に関わる創造的な思考や主体的な態度を養うことになる。そのためには、園の保育士・幼稚園教諭と、小学校教員がお互い交流や研修をする機会を設けることが必要になる。

　障害がある児童もない児童も、合理的配慮をもって、その子らしさを認めながら、その子が小学校での生活を含めて生涯にわたって自立した生活ができるようになるにはどのような保育が良いのだろうか。保育者は日々、さまざまな保育の経験のなかで葛藤し、省察し、自分なりのより良い保育実践を考えていくことになるだろう。

3．子育て支援の重要性

　保護者を対象とした子育て支援では、保護者から相談があった場合、カウンセリング・マインドである「傾聴」・「受容」・「共感的理解」の姿勢が大切である。相談支援の場面では、言語面では、イエス・ノーで答えなくてよい「今日はどうされましたか？」などのオープン・クエスチョンで聞くといった質問の仕方、「そうですか」、「なるほど」、「たしかに」といった言葉で相手の話を肯定する、うなずく、相手の目を見て聞くといった非言語面のスキルが求められる。

　そのほか、カウンセリングのような心理相談には、事実・感情・展望といった相手の話の要素のなかでも、「感情」に焦点化し、相手の言葉をそのまま使って、「～ですね」と返す、話の聞き方のテクニックがある。なかでも、保育者ならではの相談の乗り方としては、保育所や幼稚園での子どものエピソード、特にその子の良さや成長がみられた子どものエピソードを保護者に話すことで、保護者自身が子育てをする喜びを実感できるようになることが子育て支援に重要であると思われる。

　さらに、保育士には、保護者の保育の指導も子育て支援として大事な

役割となっている。そのため、保育士は、遊びながら楽しく学べるトイレット・トレーニングの見本を見せる、手遊びや絵本・紙芝居といった保育の技術を活かして、子どもの遊びを展開させるコツを保護者に指導することも子育て支援として役立てると良いだろう。

今後は、このような心理学を活かした保育が子どもや保護者にとってますます大切になっていくと思われる。

参考文献・引用文献

厚生労働省（2017）．保育所保育指針〈平成 29 年告示〉フレーベル館
一般社団法人　全国保育士養成協議会 HP（2017 年 8 月 31 日閲覧）https://hoyokyo.or.jp/exam/qualify/detail.htm
大辞林（第三版）（2006）．松村明（編）三省堂

コラム14　保育者が揺らぐ発達障害への対応と特別支援

保育士が保護者への対応で、特に揺らぐのはやはり発達障害などの特別支援が必要かもしれない子どもの保護者のケースであろう。基本的にはカウンセリング・マインドの姿勢で、傾聴・受容・共感的理解をもって保護者に接し、子育てに関わる困り感や悩みを丁寧に聞くことが大切である。しかしながら、年長児になっても園生活での多くの保育場面で、過度な多動や不注意がみられる、あるいは指差しや共同注意ができない、といった生活上の不適応がみられるにもかかわらず、その子の保護者がそれらを認めず、問題ないと訴えるとき、その保護者対応をする保育士は大変に悩ましい。

医師（児童精神科医）による自閉症スペクトラムや注意欠如・多動性障害（ADHD）といった発達障害の診断がついてなければ、保護者がわが子の発達障害を否定するのはある意味では当然かもしれないが、年長組の担任である保育士がその子どもの最善の利益、その子がその子なりの特徴を踏まえて自立して生活していくという合理的配慮を踏まえた上で、就学時に特別支援学校や特別支援学級ではなく、通常学級にわが子を入れたいと思っている保護者の相談に乗る際に

は大変悩ましい。

　なぜなら、集団行動や教室という場で、一斉での授業が主となり、成績もつき、他の保護者が学習環境を気にする小学校へ接続を考えると、遊びが活動の主であり勉強の成績もつかない保育園での生活のように、一人一人に寄り添う個別の配慮が、加配の教職員配置も難しい小学校では十分に行き届かない可能性があるからである。

　その場合、保育士である保育者は、保護者に、「発達には個人差がありますから、安心してください。あせらず、しばらく様子をみましょう。」そういってその子が保育園にいる間、保護者を励まし続け、やり過ごしてしまう可能性がある。

　しかしながら、小学校に上がったら問題行動が目立ち、結果的に医師から発達障害の診断がついてしまい、もっと早くからの療育が必要であった、という事態になったとしたら、保育士はその対応を後悔することになるかもしれない。

　このような事態を避けるためには、保育士は、子どもの毎日の送迎や連絡帳といった保護者とかかわる機会を大切にし、子どもの長所や成長がわかるエピソードを伝え、必要であれば相談に乗りますのでひとりで抱え込まず安心してくださいといった声掛けを続けること、そして何よりも保護者との間に「信頼関係（ラポール）」を形成することが重要である。その信頼関係（ラポール）を築くためには、まずは、保護者が保育士を同じお子さんを大切に考える仲間（ピア）の保育者であると思ってくれることが必要である。

　あの保育士の先生は、うちの子どもをよく見てくれていると感じると保護者は大変嬉しく、安心して保育士に話をしてくれるようになるだろう。そして、その保育士は、国家資格に裏付けられた保育の専門性をもっており、さらに発達や心理相談といった保育を深める心理学の知識も高そうだと思えば、さらなる保護者の保育士への信頼感につながり、より良い子育て支援となっていくだろう。

練習問題

1問 次の文は、保育所保育指針（平成29年3月告示）の一文である。（ A ）～（ D ）にあてはまる語句を【語群】から選択した場合の最も適切な組み合わせを一つ選びなさい。

保育所は、子どもが生涯にわたる（ A ）にとって極めて重要な時期に、その生活時間の大半を過ごす（ B ）である。このため、保育所の保育は、子どもが現在を（ C ）、望ましい（ D ）の基礎を培うために、次の目標を目指して行わなければならない。

【語群】

ア	人間形成	イ	人格形成	ウ	児童福祉施設	エ	場
オ	安心に過ごし	カ	最も良く生き	キ	未来をつくり出す力		
ク	生きる力						

（組み合わせ）

	A	B	C	D
1	ア	ウ	オ	ク
2	ア	エ	カ	キ
3	イ	ウ	カ	ク
4	イ	エ	オ	キ

2問 次の文は保育の養護と教育に関する記述である。適切な記述を○、不適切な記述を×とした場合の正しい組み合わせを一つ選びなさい。

A 養護とは3歳未満児のみに行う保育者の援助である。
B 実際の保育においては、養護と保育が一体となって展開される。
C 保育所は児童福祉施設のため、教育は行われていない。
D 保育は養護と教育を一体的に行い、子どもの発達を支えている。

（組み合わせ）
　　A　B　C　D
1　○　○　×　○
2　○　×　○　×
3　×　○　×　○
4　×　×　○　×

3問 次の文は発達理論に関する記述である。適切な記述を○、不適切な記述を×とした場合の正しい組み合わせを一つ選びなさい。

A　ヴィゴツキー（Vygotsky, L.S.）は発達の最近接領域に働きかけることで発達を促せることを示し、教育の能動的役割の重要性を説いた。
B　ポルトマン（Portmann, A.）は自分の子どもをモデルとした『エミール』によって幼児教育の在り方を説いた。
C　エリクソン（Erikson, E.H.）は人生を8つのステージに分け、ステージごとに相反する発達課題を取り上げた発達理論を説いた。
D　ピアジェ（Piaget, J.）は言葉の発達段階には一次的言葉と二次的言葉があることを説いた。

（組み合わせ）
　　A　B　C　D
1　○　×　×　○
2　○　×　○　○
3　×　○　×　○
4　○　×　○　×

4問 次の【事例】を読んで【設問】に答えなさい。

【事例】
　Hちゃんは自分でパジャマに着替えようとするが、ボタンをうまく留めることができず、保育者に「やって」と言いに来た。これに対し保育者は「自分でやろ

うとしたんだね」とＨちゃんの気持ちを受け止めてから、「ここを持ってごらん」と手を添えながら一緒にボタンをはめていった。
　こうした保育者の援助によってＨちゃんはボタンはめの経験を積み重ね、自分一人でできるようになっていった。

【設問】
　保育者が行ったこの援助として当てはまらない用語を一つ選びなさい。

1　養護と教育の一体化
2　発達の最近接領域
3　保育者主導の保育
4　発達段階の把握

5問　次の【事例】を読んで【設問】に答えなさい。

【事例】
　クラスの子どもたちは、正月に年賀状をもらった経験を思い出し、お手紙ごっこをして楽しんでいる姿がある。しかしまだ文字が上手く書けない子、興味のない子、保育者に書いてと言ってくる子など様々である。

【設問】
　乳幼児期の保育の活動としてふさわしい環境を一つ選びなさい。

1　テキストを使って文字や数字を教える。
2　いつでも手紙が書けるように、ペンや文字のスタンプを設定する。
3　文字の読み書きは家庭で行ってもらうように保護者にお願いをする。
4　保育者は絵本の読み聞かせはせずに、子どもが自分で読むようにする。

6問　次の文は、胎児期の特徴に関する記述である。適切な記述を○、不適切な記述を×とした場合の正しい組み合わせを一つ選びなさい。

A 妊娠9週頃、胎盤が完成する。
B 胎芽期は流産しやすい。
C 子宮内の胎児の動きは、大きな体の動きから小さな動きに変化する。
D 精子と卵子は子宮内で受精する。
E ヒトの妊娠期間は約40週である。

(組み合わせ)

	A	B	C	D	E
1	○	×	○	×	×
2	○	○	○	×	○
3	×	○	○	×	○
4	×	×	○	○	○
5	×	×	○	○	×

7問 次の文は、胎内感染症に関する記述である。(A)～(E)にあてはまる語句を【語群】から選択した場合の正しい組み合わせを一つ選びなさい。

(A)は、胎内感染症への注意が必要である。胎内感染症とは、(B)あるいは胎児期に発症する(C)の原因の一つであり、妊娠中の母体への感染が胎児に及ぶことで成立する。胎内感染症としては、トキソプラズマ、(D)などがあり、子宮内発育不全を生じることがある。また、受精後3～4週の手足の形成期に母親が(E)を服用すると、胎児の四肢奇形が高い頻度で生じる。

【語群】

ア 抗てんかん薬	イ サリドマイド	ウ バルプロ酸	エ 麻しん
オ 風疹	カ 子宮内汚染	キ 先天性異常	ク 胎芽期
ケ 受精	コ 器官形成期		

（組み合わせ）
　　A　B　C　D　E
1　ク　ケ　カ　エ　ウ
2　ク　ケ　キ　オ　イ
3　ク　コ　カ　オ　ア
4　コ　ク　キ　エ　イ
5　コ　ク　キ　オ　イ

8問　次の文は、胎児の知覚発達に関する記述である。適切な記述を○、不適切な記述を×とした場合の正しい組み合わせを一つ選びなさい。

A　胎児は子宮内が見えている。
B　子宮内の胎児は、羊水の味を判別している。
C　胎児の聴覚は高音域に優れている。
D　五感の中で、胎児の触覚は最も早く発達する。
E　胎児の嗅覚機能は発達しても、羊水の匂いは感じない。

（組み合わせ）
　　A　B　C　D　E
1　×　○　×　○　○
2　○　×　○　×　○
3　○　○　×　×　×
4　×　×　○　○　○
5　×　○　○　○　×

9問　次の文は、妊娠中の「つわり」に関する記述である。適切な記述を○、不適切な記述を×とした場合の正しい組み合わせを一つ選びなさい。

A　妊娠後期の子宮拡張により胃が圧迫されることで起こる吐き気。
B　妊娠初期に母体が胎児を異物として認識することを抑制するためのホルモンが嘔吐中枢を刺激するために起こる。

C　胎盤が完成するころに起こる体温上昇による悪寒や不快感。
D　子宮が大きくなるに従い、膀胱が圧迫されることで生じる頻尿。
E　妊娠中毒症による体調不良。

（組み合わせ）

	A	B	C	D	E
1	×	×	×	○	○
2	○	×	○	×	○
3	○	○	×	×	×
4	×	○	×	×	×
5	×	○	○	○	×

10問　次の【事例】を読んで、【設問】に答えなさい。

【事例】

　子育て支援施設に通っているAさんは第2子の妊娠8か月である。体調はよく、妊娠は順調である。ある日のAさんから、「第1子（2歳男児）のBくんが、最近、すぐにイヤイヤとだだをこねるようになった。」「Aさんの夫は仕事がとても忙しく、そのストレスからか、タバコと酒の量が増えて心配している。」と相談があった。

【設問】

　Aさんへの支援の考え方として適切な記述を○、不適切な記述を×とした場合の正しい組み合わせを一つ選びなさい。

A　喫煙習慣のある夫には受動喫煙に注意してもらう。
B　2歳児の自己主張には、強いしつけが必要である。
C　夫や家族以外に妊娠中の愚痴を言うことはよくない。
D　妊娠中の定期検診は都合のよい時だけ受診すればよい。
E　支援者や保育者に相談することで悩みやストレスが解消される。

（組み合わせ）
　　　A　B　C　D　E
1　○　×　○　○　○
2　○　×　×　×　○
3　○　○　×　×　×
4　×　×　○　○　○
5　×　○　×　○　×

11 問　バルテス（Baltes, P.B.）が提唱した生涯発達理論に関する記述である。適切な記述を○、不適切な記述を×とした場合の正しい組み合わせを一つ選びなさい。

A　発達は生涯にわたる過程である。
B　発達は生涯を通じて常に獲得（成長）している。
C　生涯発達への影響をもたらす要因のうち、標準年齢的要因とは、人生の後半ほど強く影響を与える。

（組み合わせ）
　　　A　B　C
1　○　○　×
2　○　×　×
3　○　×　○
4　×　○　○
5　×　×　○

12 問　次の【Ⅰ群】の記述と【Ⅱ群】の人名を結び付けた場合の正しい組み合わせを一つ選びなさい。

【Ⅰ群】
A　生得的に内在する能力がある時期になると自然に展開し、発達するという考え方を提唱した。

B 遺伝的特性が現れるためには、ある一定以上の環境条件が必要であり、その環境条件は特性によって異なるという考え方を提唱した。
C 個体の発達は生涯にわたる過程であり、常に獲得（成長）と喪失（衰退）とが混在しているといった考え方を提唱した。
D 発達の生態学的環境を5つのシステムに分類し、子どものごく身近な環境を中心とした「入れ子構造」をもち、相互作用的に働くという考え方を提唱した。

【Ⅱ群】
ア　ブロンフェンブレンナー（Bronfenbrenner, U.）
イ　ゲゼル（Gesell, A.）
ウ　バルテス（Baltes, P.B.）
エ　ジェンセン（Jensen, A.R.）

（組み合わせ）
　　A　B　C　D
1　イ　エ　ア　ウ
2　イ　ア　ウ　エ
3　イ　エ　ウ　ア
4　ウ　エ　ア　イ
5　ウ　ア　イ　エ

13問 次の文は、発達の原理に関する記述である。（　A　）～（　D　）にあてはまる語句を【語群】から選択した場合の最も適切な組み合わせを一つ選びなさい。

・発達は、遺伝的要因と環境的要因の（　A　）によってなされる。
・発達には、頭部から（　B　）というような一定の方向性がある。
・学習の成立や能力の発達には他の時期よりも学習や習慣形成がしやすい時期があり、その時期を（　C　）という。
・発達には（　D　）があり、速度や達成度、発現時期は子どもによって異なる。

【語群】
| ア | 臨界期 | イ | 個人差 | ウ | 異速性 | エ | 相互作用 | オ | 周辺部 |
| カ | 初期経験 | キ | 敏感期 | ク | 尾部 | | | | |

（組み合わせ）
	A	B	C	D
1	カ	ク	ア	ウ
2	エ	ク	ア	ウ
3	カ	カ	キ	イ
4	エ	ク	キ	イ
5	エ	カ	キ	イ

14問 ブロンフェンブレンナー（Bronfenbrenner, U.）の生態学的システムについて、適切な記述を○、不適切な記述を×とした場合の正しい組み合わせを一つ選びなさい。

A 保育所に通っている子どもにとって、保育所の先生や仲間はマクロシステムである。
B 人間を取り巻く環境を入れ子構造として捉えた。
C クロノシステムには、子どもの生涯を通して起こる環境移行などが含まれる。
D 人間の発達は、環境によって左右されるとした。

（組み合わせ）
	A	B	C	D
1	○	×	○	×
2	○	×	○	○
3	×	○	○	×
4	×	○	×	○
5	×	○	○	○

15問 次の文は、発達段階に関する記述である。このような考え方を提唱した人物として正しいものを一つ選びなさい。

・人は、ある規則性をもって漸成的に発達する。
・各発達段階に固有な概念が対で提示されており、肯定的概念が否定的概念を上回ることで精神的な幸福につながる。
・自己と心理社会的側面の関わりを重視し、8つの発達段階を設定した。

1　ヴィゴツキー（Vygotsky, L.S.）
2　エリクソン（Erikson, E.H.）
3　バルテス（Baltes, P.B.）
4　ハヴィガースト（Havighurst, R.J.）
5　フェスティンガー（Festinger, L.）

16問 次の文は、ピアジェ（Piaget, J.）の理論に関する記述である。適切な記述を○、不適切な記述を×とした場合の正しい組み合わせを一つ選びなさい。

A　幼児期の子どもは、見る、触る、なめる等の感覚運動を通して世界を理解している。
B　感覚運動期の子どもは同じ行為を反復して行うことが多いが、これを第2次循環反応としている。
C　前操作期の子どもは模倣することで対象を内化させようとする働きが生じる。
D　対象の永続性の獲得は、ピアジェ（Piaget, J.）が提唱したよりも早い時期であることがその後の研究によって示されている。

（組み合わせ）

	A	B	C	D
1	○	×	○	○
2	×	○	×	○
3	○	○	×	○
4	×	○	○	○
5	×	×	○	○

17問 次の文は、乳児の知覚に関する記述である。適切な記述を○、不適切な記述を×とした場合の正しい組み合わせを一つ選びなさい。

A　ファンツ（Fantz, R.）は乳児の知覚を調べる上で対提示した刺激のどちらを凝視するかという選好注視法を考え出した。
B　ファンツ（Fantz, R.）の実験結果から生後2週間の乳児では、まだ顔に対する認識は認められなかった。
C　ギブソンとウォーク（Gibson, E. & Walk, R）は顔刺激を対提示できる装置を開発し、どちらを凝視するかを調べる方法をとった。
D　ギブソンとウォーク（Gibson, E. & Walk, R）の実験では、社会的参照とよばれる呼び寄せる親の顔を見て行動する要因研究へと進んだ。

（組み合わせ）
　　A　B　C　D
1　○　×　○　○
2　×　○　×　○
3　○　×　×　○
4　×　○　○　○
5　○　×　○　×

18問 次の文は、母子の社会的関係に関する記述である。適切な記述を○、不適切な記述を×とした場合の正しい組み合わせを一つ選びなさい。

A　メルツォフとムーア（Meltzoff, A. & Moore, M.）は乳児が、大人が舌だしをすると模倣することを見い出している。
B　新生児模倣は、自分と他者との関係を築く上でさほど重要な役割は果たしていないといえる。
C　インプリンティング現象を発見したローレンツ（Lorenz, K.）は幼児特有の幼児図式も見出した。
D　幼児図式とは、養育行動が引き出される子どものもつ子どもらしい身体的特徴を指す。

（組み合わせ）
　　A　B　C　D
1　○　×　○　○
2　○　○　×　○
3　○　○　○　×
4　×　○　○　○
5　○　×　○　○

19問　次の文は、コミュニケーションの初期発達に関する記述である。適切な記述を○、不適切な記述を×とした場合の正しい組み合わせを一つ選びなさい。

A　コンドンとオグステン（Condon, W. & Ogsten, W.）は、居合わせる乳児の声にあわせて、乳児が泣き声を揃えることを見い出した。
B　エントレイメントという現象は大人の話し声に対する乳児のリズミカルな身体的動きや表情変化のことを示す。
C　エントレイメントは原始反射の一種で、社会性獲得の要因にはなりえない。
D　コンドンとサンダー（Condon, W. & Sander, L.）は、大人の話し声にもタッピングの音に対しても、乳児は合せるように同期した反応をとることを見い出した。

（組み合わせ）
　　A　B　C　D
1　○　×　○　○
2　×　○　×　×
3　×　○　○　×
4　×　○　×　○
5　○　×　○　×

20問　次の文は、運動発達に関する記述である。適切な記述を○、不適切な記述を×とした場合の正しい組み合わせを一つ選びなさい。

A　ゲゼル（Gesell, A.）は、経験を重視し乳幼児の階段のぼりの訓練を早期に開始することが重要であるとした。
B　レディネスの考え方は学習する上で適切な時期が存在することを示している。
C　新生児期はジェネラルムーブメントという全身運動があり、後に機能分化していく。
D　運動発達の新しい解釈にテーレン達（Thelen, E. & Smith, L.B.）の知覚運動学習理論があり、知覚と運動とが協調したかたちで発達するとした。

（組み合わせ）

	A	B	C	D
1	○	○	×	○
2	×	○	×	×
3	○	×	○	×
4	×	○	×	×
5	×	○	○	×

問 21　次の文は、子どもとの関わりにおける環境としての保育者についての記述である。（　A　）～（　D　）にあてはまる語句を【語群】から選択した場合の最も適切な組み合わせを一つ選びなさい。

　保育者が子どもたちの安全基地（心のよりどころ）となるためには、子どもの発するサインに対して、保育者がタイミングよく子どもの要求にそった（　A　）が重要である。この（　A　）が積み重なると、子どもと保育者の間に「愛着・アタッチメント」が形成され、これは（　B　）な絆である。しだいに保育者を安全基地として子どもの（　C　）が活発になる。その後、子どもの認知的な発達に伴い、内在化され保育者のイメージに支えられて、その場に保育者がいなくても、子どもは情緒的な安定をはかることができるようになる。これを（　D　）という。

【語群】
ア 情緒的	イ 保障的	ウ 規律的関わり	エ 応答的関わり
オ 内的ワーキングモデル		カ 外的ワーキングモデル	
キ 探索活動	ク 表現活動		

(組み合わせ)

	A	B	C	D
1	エ	ア	キ	オ
2	ウ	イ	ク	カ
3	エ	ア	キ	カ
4	ウ	イ	オ	キ
5	エ	ア	ク	オ

22問 次の文は、アタッチメント(愛着)の形成についての記述である。適切な記述を○、不適切な記述を×とした場合の正しい組み合わせを一つ選びなさい。

A 子どもがもつ愛着対象へのイメージを内的ワーキングモデルという。
B アタッチメントは生理的なケアによって決定されるのではなく、情緒的なやりとりによって形成される。
C 養育者との間にアタッチメントが形成されると、子どもは養育者と離れることに抵抗を示す「人見知り」が見られるようになる。
D アタッチメント形成のためには、特定の大人からの応答的なかかわりが必要であり、スキンシップはさほど重要ではない。

(組み合わせ)

	A	B	C	D
1	×	○	○	×
2	○	○	○	×
3	○	○	×	○

23問 次の文は、子どもに対しての保育者の役割に関連する記述である。【一群】の用語と【二群】の説明を結びつけた場合の適切な組み合わせを一つ選びなさい。

【一群】
A　基本的信頼感
B　安全基地
C　レジリエンス

【二群】
ア　子どもをどのように理解し、どのような存在とみるかという基本的な考え方や態度を意味する。
イ　乳児のアタッチメントを形成する特定の大人を愛着対象といい、それが子どもの心のよりどころとなって探索活動が展開する。
ウ　応答的な関わりや自分を受け止めてくれる経験の積み重ねから形成される。提唱者はエリクソン（Erikson, E. H.）である。
エ　生涯にわたって生きる力、困難な状況となっても柔軟にそれに対応し乗り超えていく力を育むことも保育者に求められている。

（組み合わせ）
　　　A　B　C
1　ウ　イ　ア
2　エ　イ　ウ
3　ウ　イ　エ

24問 次の文は、子どもとの関わりにおける環境としての保育者についての記述である。（　A　）～（　D　）にあてはまる語句を【語群】から選択した場合の最も適切な組み合わせを一つ選びなさい。

　乳幼児期においては、生涯にわたる（　A　）の基礎を培う。保育者等との信頼関係が基盤となる。特定の大人の（　B　）な関わりを通じて情緒的な絆が形成され、これをアタッチメント（愛着）という。保育者は、子どもとの信頼関係のもと、一人一人の子どもが（　C　）に活動できるよう計画的に（　D　）を

構成する必要がある。

【語群】

| ア 環境 | イ 状況 | ウ 問題解決 | エ 生きる力 | オ 主体的 |
| カ 受動的 | キ 応答的 | ク 自律的 | | |

（組み合わせ）

```
  A B C D
1 エ キ ク イ
2 ウ キ オ ア
3 ウ ク キ イ
4 エ キ オ ア
5 エ カ オ ア
```

問 25 次の文は、アタッチメント（愛着）の形成についての記述である。適切な記述を〇、不適切な記述を×とした場合の正しい組み合わせを一つ選びなさい。

A 生きる力が育まれることとアタッチメントが形成されることにあまり関連はない。
B アタッチメント形成のためには、特定の大人からの応答的なかかわりが必要であり、スキンシップも重要である。
C 養育者との間にアタッチメントが形成されると、安心感が育まれているため乳児は養育者と離れることに抵抗を示すことはほとんどない。
D 愛着関係とは乳児を取り巻くさまざまな大人たちとのかかわりから成り、子どもにとっては人間関係の広がりを意味するものでもある。

（組み合わせ）

```
  A B C D
1 × 〇 〇 〇
2 × 〇 × 〇
3 〇 〇 × ×
```

26問 次の文は自己についての記述である。適切な記述を○、不適切な記述を×とした場合の正しい組み合わせを一つ選びなさい。

A 自己抑制と自己主張・自己実現は、ほぼ同じ速度で発達する。
B まどろみのときに見られる微笑みを、自発的微笑と呼ぶ。
C 自己意識は生得的なもので、他者との関係で育まれるものではない。
D ワロン（Wallon, H.）による鏡への4つの反応段階によると、1歳には自分の鏡像は自分自身ではなく映り姿だと理解できる。
E 2歳ごろから性別意識が明確になり始め、3歳代には一人称や終助詞に性差により使い分けた言語表現がみられる。

（組み合わせ）

	A	B	C	D	E
1	×	○	○	×	○
2	○	×	×	○	×
3	×	○	×	×	○
4	×	×	×	○	○
5	○	×	○	×	×

27問 次の文は自己に関する記述である。（ A ）～（ D ）にあてはまる用語を【語群】から選択した場合の最も適切な組み合わせを一つ選びなさい。

・自分自身について考え、言葉で表現された自分を（ A ）と呼ぶ。
・自己主張・自己実現と自己抑制の双方をあわせて（ B ）と呼ぶ。
・理想自己と現実自己を比べることによる評価を（ C ）と呼ぶ。
・他者の立場から物事や自分を考えることを（ D ）と呼ぶ。

【語群】

ア 自己概念	イ 自律性	ウ 自己感
エ 自己制御	オ 自尊感情（自尊心）	カ 自己効力感
キ 自己意識	ク 社会的視点取得	

（組み合わせ）
　　A　B　C　D
1　ア　エ　オ　ク
2　ア　エ　カ　キ
3　ア　エ　カ　ク
4　ウ　イ　オ　キ
5　ウ　イ　カ　ク

28問　次の文は、第一次反抗期に関する記述である。適切な記述を○、不適切な記述を×とした場合の正しい組み合わせを一つ選びなさい。

A　第一次反抗期の始まりと終わりの時期や程度に個人差は見られない。
B　「自分で」と言いつつできなかった場合、まだ自分ではできないことを子どもが理解するために、養育者や保育者は一切手伝わない。
C　第一次反抗期は、養育者にとって、子どもの発達や自身の関わりを振り返るきっかけになり、認識や行動の変化をもたらす。
D　第一次反抗期は発達心理学の中で明確に定義されたものではない。
E　親からは反抗にみえる行動も子どもが自分という意識を持ち始めた証といえる。

（組み合わせ）
　　A　B　C　D　E
1　○　○　○　×　×
2　○　×　○　×　×
3　○　○　×　○　○
4　×　×　○　○　○
5　×　○　×　○　×

29問　次の文は、乳幼児の特徴に関する記述である。適切な記述を○、不適切な記述を×とした場合の正しい組み合わせを一つ選びなさい。

A　ポルトマン（Portmann, A.）は、ヒトは二次的離巣性であるとした。
B　ローレンツ（Lorentz, K.）は、動物と人間の幼体と成体の比較から、かわいらしさを感じる頭部の形態の特徴をベビースキーマと呼んだ。
C　生後5か月までの共鳴動作は、子どもの意図的な行動である。
D　親子が同じものを見、対象物を介し心を通い合わせることを共同注視という。
E　生後3か月頃の自分の手を不思議そうにじっと見つめる様子をハンドリガードという。

（組み合わせ）

	A	B	C	D	E
1	×	×	○	×	×
2	×	○	×	×	○
3	×	○	×	○	×
4	○	×	○	×	
5	○	×	×	○	○

30問　次の文は自己評価についての記述である。適切な記述を○、不適切な記述を×とした場合の正しい組み合わせを一つ選びなさい。

A　幼児期全般に、子どもの自己評価は非現実的で肯定的である。
B　自分の経験したエピソードについての記憶を自伝的記憶と呼ぶ。
C　外見など他者に見える自分に向ける意識を私的自己意識と呼ぶ。
D　生後3・4年までの記憶が曖昧になる現象を乳幼児健忘と呼ぶ。
E　自他の理解とコミュニケーションに表象の発達は不可欠である。

（組み合わせ）

	A	B	C	D	E
1	×	○	○	○	×
2	×	×	○	×	×
3	○	○	×	○	×
4	○	×	○	×	○
5	○	○	×	○	○

31問 次の文章は、保育者の子どもへの関わりについての記述である。適切な記述を○、不適切な記述を×とした場合の正しい組み合わせを一つ選びなさい。

A 言葉による感情表現の難しい年齢の子どもにとっては、保育者が「痛かったね。」「楽しいね。」などの言葉がけをすることが、自分の感情に気づく援助となる。
B いざこざ場面においては、子ども同士がけがをする場合にもあるので、いかなる状況においてもすぐに介入することが望ましい。
C 子どもの話を丁寧に聞くことは、その子の存在を承認することにもつながる。

（組み合わせ）
　　A　B　C
1　○　○　×
2　○　×　○
3　×　○　○
4　×　○　×
5　×　×　○

32問 次の文は、保育所保育指針（平成29年3月告示）第2章「保育の内容」の1「乳児保育に関わるねらい及び内容」の一部である。（　A　）～（　D　）にあてはまる語句を語群から選択した場合の正しい組み合わせをひとつ選びなさい。

　受容的（　A　）的な関わりの下で、何かを伝えようとする（　B　）や身近な大人との（　C　）関係を育て、人と関わる力の（　D　）を培う。

【語群】

| ア　応答 | イ　教育 | ウ　心情 | エ　愛着 | オ　信頼 | カ　基礎 |
| キ　意欲 | ク　基盤 | | | | |

（組み合わせ）
　　　A　B　C　D
1　　ア　ウ　オ　カ
2　　ア　キ　エ　ク
3　　ア　キ　オ　ク
4　　イ　キ　エ　ク
5　　イ　ウ　オ　カ

33問　次の文は乳児の他者との関わりについての記述である。適切な記述を○、不適切な記述を×とした正しい組み合わせを一つ選びなさい。

A　子どもが人と関わる力を育てていくためには、子ども自身が主体的に他児へ働きかけることができるようになるまで、保育者は手を出さずに見守る。
B　特定の保育者とのアタッチメントができてしまうと、その保育者が不在のときにその子どもが寂しい思いをするので、できるだけ保育者とのアタッチメントはつくらないようにする。
C　基本的信頼感を獲得することは、自分のありのままの姿を愛されているという自己肯定感につながる。
D　何度でも挑戦できる環境を整えることは、失敗しても挑戦する気持ちを育てることにつながる。

（組み合わせ）
　　A　B　C　D
1　○　×　○　×
2　×　○　×　○
3　×　×　○　○
4　○　×　×　○
5　×　○　○　×

34問 次の【事例】を読んで、【設問】に答えなさい。

【事例】
　5歳のAは、遊びの中で遊具の交替や順番などのルールを守ることができず、他児とのトラブルが起こりやすい。

【設問】
　この子どもに対する配慮として適切なものを○、不適切なものを×とした場合の正しい組み合わせを一つ選びなさい。

A　「早くブランコに乗りたかったんだね」とAの気持ちを受けとめたうえで、ルールを守ることを説明する。
B　ルールを守ると他児と仲良く遊ぶことができて気持ちが良いという感情体験の機会をつくる。
C　自分の順番なのに横入りされた他児の気持ちを丁寧に説明する。
D　ルールを守れないときには叱責し、守れたときにはほめる。

（組み合わせ）

	A	B	C	D
1	○	○	×	○
2	×	○	○	○
3	○	×	○	○
4	×	×	○	×
5	○	○	○	×

35問 次の文は、子どもの遊びの発達について述べたものである。下線部と関連の深い語句を【語群】から（　A　）～（　D　）に選択した場合の最も適切な組み合わせを一つ選びなさい。

　2歳ころから（　A　）(積み木をバスに見立てたり、人や動物のまねをしたりする能力)が出てくるようになり、それにもとづいて遊ぶようになる。
　3歳ころから（　B　）(「ままごと」や「電車ごっこ」など「見立て」と「ふ

り」を組み合わせた遊び）がさかんになる。

　これらの遊びの発達には象徴機能の発達の他にコミュニケーション能力、（　C　）（自分とは異なる他人の内面を推測する能力）などが必要である。

　パーテン（Parten, M.B.）によれば、3歳半ころから（　D　）（役割（ごっこ）遊びのように組織的な集団遊び）がよく見られるようになる。

【語群】

| ア　協力遊び | イ　共鳴力 | ウ　象徴機能 | エ　連合遊び |
| オ　心の理論 | カ　ごっこ遊び | キ　平行遊び | ク　対人交渉力 |

（組み合わせ）

```
    A   B   C   D
1   ア  エ  オ  ク
2   ア  キ  エ  ク
3   ウ  ア  イ  エ
4   ウ  カ  オ  ア
5   オ  ウ  ク  ア
```

問36　次の文は、「保育所保育指針（平成29年3月告示）」の一部である。（　A　）～（　D　）に当てはまる語句を【語群】から選択した場合の正しい組み合わせを一つ選びなさい。

　（　A　）と様々な体験を積み重ねる中で、して良いことや悪いことが分かり、自分の行動を振り返ったり、（　A　）の気持ちに（　B　）したりし、相手の立場に立って行動するようになる。また、（　C　）を守る必要性が分かり、自分の気持ちを（　D　）し、友だちとの折り合いを付けながら、決まりを作ったり、守ったりするようになる。

【語群】

| ア | 保育士 | イ | 友だち | ウ | 大人 | エ | 同情 | オ | 共感 |
| カ | きまり | キ | 主張 | ク | 調整 | ケ | 受容 | | |

（組み合わせ）
```
    A   B   C   D
1   ア  エ  イ  ク
2   イ  エ  ウ  ク
3   ア  オ  カ  ケ
4   イ  オ  カ  ケ
5   イ  オ  カ  ク
```

37問 次の文の記述の中から、適切な記述を○、不適切な記述を×とした場合の正しい組み合わせを一つ選びなさい。

A 共感性は、新生児が他児の泣き声を聞くと自分も泣いてしまうという行動がその萌芽とされている。
B 自閉スペクトラム症の者は興味・情動・感情の共有の少なさを特徴としており、どのような人物にも共感することが難しい。
C 共感的で温かい援助をする親の子どもは、他児に対して思いやりの行為をする割合が高い。
D 乳児でも、向社会的に振る舞う人物を好むことも示されている。

（組み合わせ）
```
    A   B   C   D
1   ○   ×   ○   ×
2   ○   ○   ○   ×
3   ○   ×   ○   ○
4   ×   ○   ×   ○
5   ×   ×   ×   ○
```

38問 次の文の（　）にあてはまる用語として最も適切なものを【語群】から一つ選びなさい。

　幼児は、いざこざや葛藤を通して、相手の気持ちや立場を考える経験をすることで、自分の立場だけでなく多様な他者の立場に立ち、志向や感情を理解出来るようになる。この能力は、（　　）と呼ばれる。

【語群】

1　同情　　2　共感　　3　役割取得　　4　感情伝染　　5　向社会的思考

39問 次の文の記述の中から、適切な記述を○、不適切な記述を×とした場合の正しい組み合わせを一つ選びなさい。

A　ピアジェ（Piaget, J.）は、道徳性は自律的道徳性の段階から他律的道徳性の段階へと発達することを指摘した。
B　幼児には、自らの行動が持つ道徳的な意義を省みることは出来にくい。
C　道徳性の形成には、子どもの育つ環境が大きく作用している。
D　相手の感情状態を強調し伝えるといった「誘導的しつけ」の家庭の子どもは、向社会的行動を多く行えないと考えられている。

（組み合わせ）
　　A　B　C　D
1　○　×　○　×
2　○　○　○　×
3　×　×　×　○
4　×　○　×　○
5　×　×　○　×

40問 次の文は、道徳的行動に関する記述である。（　A　）～（　D　）に当てはまる語句を【語群】から選択した場合の正しい組み合わせを一つ選びなさい。

道徳的行動には、「困っている人を助ける」「泣いている人を励ます」といった（　A　）がある。また、（　A　）の中でも、外的報酬や内的報酬も期待せず、自己犠牲の上に他者を助ける（　B　）がある。（　A　）は、（　C　）の頃から見られはじめ、（　D　）と関係が強いといわれている。

【語群】

ア　向社会的行動	イ　ソーシャル・サポート	ウ　遺伝
エ　愛他的行動	オ　乳幼児期	カ　児童期
キ　青年期	ク　共感性	ケ　知的リアリズム

（組み合わせ）

```
  A B C D
1 ア エ オ ク
2 ア イ オ ク
3 エ ア オ ウ
4 イ ア カ ケ
5 イ エ カ ウ
```

41問　次の文は、前言語期の記述である。あてはまる時期を【語群】から選択した場合の最も適切な組み合わせを一つ選びなさい。

A　聴力を獲得する。
B　母親の声を聞き分けることができるようになる。
C　人から話しかけられたときに、相手の顔に注目し、相手が話し終えたら、今度は自分から話しかける、ということができるようになる。
D　限られた身振りや動作を使ってコミュニケーションの機会を作る。
E　人から話しかけられた言葉には意味があることに気づき始める。

【語群】

| ア 胎児期8か月 | イ 生まれて間もなく | ウ 生後6か月 |
| エ 生後9〜10か月 | オ 生後1年頃 | |

(組み合わせ)

　　A　B　C　D　E
1　オ　ウ　イ　エ　ア
2　イ　エ　ア　オ　ウ
3　ア　イ　エ　オ　ウ

42問　次の文は、音声の発達の記述である。記述の内容を示す語句を【語群】から選択した場合の最も適切な組み合わせを一つ選びなさい。

A　生後11か月頃になると「バダ」「バブ」のような喃語が現れる。
B　生後5か月頃には、子音と母音の構造が不明瞭な喃語が現れる。
C　生後2〜3か月頃に、喉でクーとなるような音が聞かれる。
D　生後6か月頃に「バババ」のような喃語が現れる。

【語群】

| ア　クーイング　　イ　非重複喃語　　ウ　基準喃語　　エ　過渡期の喃語 |

(組み合わせ)

　　A　B　C　D
1　ア　ウ　イ　エ
2　イ　エ　ア　ウ
3　ア　イ　エ　ウ

43問　1歳6か月児健診の記述である。適切な記述を○、不適切な記述を×とした場合の正しい組み合わせを一つ選びなさい。

A　構音や吃音などの相談が多い。
B　発達障害の特性が明らかになってくる。
C　言葉がなかなか出ないという相談が多い。
D　ごはんを食べるときにすわっていないという相談が多い。

（組み合わせ）
　　A　B　C　D
1　×　×　○　○
2　○　×　×　○
3　○　○　○　○

44問　次の文は言葉の発達に関する記述である。記述に関連する人物名を【語群】から選択した場合の最も適切な組み合わせを一つ選びなさい。

A　「大人からの言語命令」によって子どもが行動調整する段階から「自己中心的言語」によって行動調整する段階を経て「内言」によって行動調整するようになる過程を明らかにしている。
B　子どもは言葉を聞いたときに、その語はその事物全体に関する名称であると考える。
C　共同注意とは、他者と関心を共有する事物や話題へ注意を向けるように行動を調整能力である。

【語群】

ア　マークマン（Markman, E.M.）	イ　ヴィゴツキー（Vygotsky, L.S.）
ウ　ブルーナー（Bruner, J.S.）	

(組み合わせ)
　　A　B　C
1　ウ　イ　ア
2　イ　ア　ウ
3　ア　ウ　イ

45問　話し言葉の遅れの原因についての記述である。記述の内容を示す語句を【語群】から選択した場合、最も適切な組み合わせを一つ選びなさい。

【語群】

ア　発達障害	イ　難聴	ウ　知的障害	エ　発達性言語障害

A　言語理解がよく、聴覚的な問題もない。学校に行く前に大抵追いつく。
B　知的に遅れがないと気づきにくい。
C　言葉の遅れの原因で最も多い。
D　外界に対する興味や注意力が乏しいために遅れる。

(組み合わせ)
　　A　B　C　D
1　イ　ウ　ア　エ
2　ア　エ　イ　ウ
3　ウ　ア　エ　イ
4　エ　イ　ウ　ア

46問　次の文は、保育目標や保育観に関する記述である。適切な記述を○、不適切な記述を×とした場合の正しい組み合わせを一つ選びなさい。

A　幼児期には、遊びを通して数量や図形に対する興味や関心を育むことが求められている。

B　数字に興味をもった時には、ワークシートやフラッシュカードを用いて、数字と数詞、物の数との対応がつくようにすると良い。
C　生活習慣の力を基礎とし、遊びや生活、自然やものなどの環境に関わることで、根気強さ、意欲、自信、協調性などを育むことが大切である。
D　幼児期の教育は、幼児の発達を促す相応しい活動をすることや、生涯にわたる基礎となる認知的な能力を育むことが目標である。

（組み合わせ）
　　A　B　C　D
1　○　×　×　×
2　○　×　○　×
3　○　×　○　○
4　×　×　○　○
5　×　○　×　○

47問　次の文は、数の数理認識についての記述である。（　A　）〜（　D　）にあてはまる語句を【語群】から選択した場合の正しい組み合わせを一つ選びなさい。

　幼児は、物の数を計数できる能力が発達する。カウフマン（Kaufman, E.L.）らは、人間が個数判断を行う場合には、数詞を用いて対象を一つずつ数え上げる（　A　）、対象の概数を大まかに見積もる（　B　）、6個以下程度の対象に対して正確かつ瞬時に個数判断を行う（　C　）の3つの方略があると述べている。また、クレメンツ（Clements, D.H.）は、（　C　）に加え、部分と部分の数を瞬時に計数して全体の数を捉える（　D　）が行われていることを示唆している。

【語群】

| ア　計数 | イ　カウンティング | ウ　知覚的サビタイジング |
| エ　数唱 | オ　エスティメイティング | カ　概念的サビタイジング |

（組み合わせ）
　　　A　B　C　D
1　イ　オ　ウ　カ
2　イ　ウ　オ　カ
3　エ　カ　ウ　オ
4　ア　オ　イ　ウ
5　ア　ウ　イ　オ

48問　次の文は、量の保存性に関する子どもの行動についての記述である。適切な記述を○、不適切な記述を×とした場合の正しい組み合わせを一つ選びなさい。

A　水に砂糖を入れて混ぜると砂糖が見えなくなった。この時、砂糖を入れる前と比べて、重さは変わらないと考える。
B　体重測定の時に、身体に力を入れながら体重計に乗ったり、足を浮かせて乗ろうとしたりする。
C　おはじきを2列に等間隔に並べ、どちらも同じ数であることを確認させた後、一方の列のおはじきの間隔を広げて並べる。その時、間隔が広いほうの列のほうがたくさんあると答える。
D　コップに入ったシャボン玉液を平らな丸皿に入れ替えると、「あれっ？減っちゃったよ。」とつぶやく。

（組み合わせ）
　　A　B　C　D
1　○　○　×　×
2　○　×　○　×
3　×　○　○　×
4　×　○　×　○
5　×　×　○　○

49問　次の文は、形の数理認識についての記述である。（　A　）〜（　D　）にあてはまる最も適切な語句を【語群】から1つずつ選びなさい。

形の数理認識に関する研究は、選好注視法による研究により、乳児が（　A　）や（　B　）などの平面上の形を見分けられることが示されている。また、視覚的断崖を利用した実験より、乳児が（　C　）や（　D　）を感じていることが示された。

立体の描画では、4歳児から6歳児頃にかけて描画された図形に対する（　E　）が発達していくが、9歳児ごろであっても（　F　）の描画表現が獲得されていないことが示されている。このように、形に関する数理認識は、はじめに認知がなされ、描画などの表現は、児童期に獲得されていくと考えられる。

【語群】

| ア | 同心円 | イ | 水玉模様 | ウ | 縞模様 | エ | 高低差 | オ | 遠近感 |
| カ | 平衡感覚 | キ | 認知 | ク | 視覚 | ケ | 広がり | コ | 奥行き |

（組み合わせ）

	A	B	C	D	E	F
1	ア	イ	カ	エ	キ	ケ
2	ア	ウ	カ	オ	キ	ケ
3	イ	ウ	オ	カ	ケ	ケ
4	イ	ア	オ	カ	ケ	コ
5	ウ	ア	エ	オ	キ	コ

50問 次の文は、子どもの数や数字の獲得に関する記述である。（　A　）～（　F　）にあてはまる語句を【語群】から選択した場合の正しい組み合わせを一つ選びなさい

幼児期の数や数字の獲得は、話す、聞くという（　A　）による学びが中心であるが、日常生活に見られる（　B　）に興味を示すようになり、カレンダーや自動車のナンバーなどを読むようになる。また、仲間との交流を楽しむようになると、自身の持っている物の量と（　C　）したり、活動の目的を伝えたりするために、より適切な量を表す用語を用いるようになる。

そして、小学校教育では、幼児期に育まれた（　D　）を把握した上で、四則

計算や図形の弁別などの（　E　）や、筋道立てて説明したり規則を発見したりする（　F　）を身につけることが期待される。

【語群】

| ア | 言語活動 | イ | 学習活動 | ウ | 数字 | エ | 数量 | オ | 数量比較 |
| カ | 大小比較 | キ | 数理認識 | ク | 認知能力 | ケ | 基礎力 | コ | 思考力 |

（組み合わせ）

	A	B	C	D	E	F
1	ア	ウ	オ	ク	キ	コ
2	ア	エ	オ	カ	キ	コ
3	ア	ウ	カ	キ	ケ	コ
4	イ	エ	カ	キ	ケ	ク
5	イ	ウ	カ	キ	ク	コ

問 51　次の文は、子育て支援に関する記述である。適切な記述を○、不適切な記述を×とした場合の最も適切な組み合わせを一つ選びなさい。

A　保育者は、通所児の保護者だけでなく、地域の保護者にもその専門性を生かした子育て支援をするように努める。
B　保育者は、地域の子育て支援に関わる人材と積極的な交流を図る必要がある。
C　保護者に育児不安がみられる場合には、まずは関係機関につなげることが重要である。
D　子どもや保護者を支援するときには、その家庭を取り巻く重層的な環境を考える必要がある。

（組み合わせ）
　　A　B　C　D
1　×　○　○　○
2　○　×　○　○
3　○　○　×　○
4　○　○　○　×

52問 次の文は基本的生活習慣に関する記述である。適切な記述を○、不適切な記述を×とした場合の最も適切な組み合わせを一つ選びなさい。

A　3歳から飲み物をコップからこぼさずに飲むことができる。
B　1歳になると、スプーンを持って食べることができる。
C　4歳になるとおおよそ排便の自立ができる。
D　3歳半になると、前ボタンをかけることができる。

（組み合わせ）
　　A　B　C　D
1　×　×　○　○
2　×　○　○　×
3　○　○　×　×
4　○　×　×　○
5　×　○　○　○

53問 「保育所保育指針（平成29年3月告示）」第2章の1「乳児保育に関わるねらい及び内容　(1)　基本事項」についての記述として正しい記述を○、間違っている記述を×とした場合の正しい組み合わせを一つ選びなさい。

A　乳児期の発達については、視覚、聴覚などの感覚や、座る、這う、歩くなどの運動機能が著しく発達する。
B　特定の大人と応答的な関わりを通じて、情緒的な絆が形成される特徴がある。
C　乳児保育のねらい及び内容については、身体的発達に関する視点「健やかに

伸び伸びと育つ」、社会的発達に関する視点「身近な人と気持ちが通じ合う」及び精神的発達に関する視点「身近なものと関わり感性が育つ」としてまとめて、示している。
D　身体的発達に関する視点や社会的発達に関する視点及び精神的発達に関する視点の保育内容は、養護における「生命の保持」及び「情緒の安定」に関わる保育の内容と、一体となって展開されるものであることに留意が必要である。

（組み合わせ）

	A	B	C	D
1	×	○	○	○
2	○	×	○	○
3	○	○	×	○
4	○	○	○	×
5	○	○	○	○

54問　次の文は子育て支援に関する記述である。適切な記述を○、不適切記述を×とした場合の最も適切な組み合わせを一つ選びなさい。

A　育児に不安を抱えている保護者には、不安な気持ちを受け止めるよりも先に指示的な方法で育児を教授するのが望ましい。
B　一時預かりの事業などの活動においては、日常の保育との関連に配慮する必要はない。
C　保育者は、保護者の子育ての力を向上させるために保育活動への積極的参加を促す必要がある。
D　保育者は、多様化した保護者の需要に応じた個別の支援は実施するよう努める。

（組み合わせ）

	A	B	C	D
1	○	○	×	×
2	○	×	○	×
3	×	○	×	○
4	×	○	○	×
5	×	×	○	○

55問 来日してから1年の外国籍の2歳3か月の男児K君が保育所に入所した。保育実践上の配慮事項として不適切な記述を一つ選びなさい。

1 生活に必要な基本的な習慣を身につけるには、安心できる保育士等との関係の中で、無理なく行う。
2 基本的生活習慣を身に着けるために、特に保護者と連携をとる必要はなく園で進めていく。
3 友達とのトラブルやけんかの場面では、保育士等がたがいの気持ちを受容し、その気持ちをわかりやすく伝えたり、仲立ちをしていくことが必要である。
4 自分の思い道理にいかないことや周囲の人に気持ちが伝わらなかったりすることに対して、反抗的な態度を示すこともある。K君の気持ちを十分に受け止め、ふれあいや語りかけを多くして、情緒の安定を図るようにする。
5 子どもが異なる文化に触れる機会を通して文化の多様性に気付き、興味や関心を高めて行くことができるよう、子ども同士の関わりを見守りながら、適切に援助する。

56問 次の文は、「保育所保育指針（平成29年3月告示）」第1章総則3の「保育の計画及び評価」の一部である。（ A ）から（ D ）にあてはまる語句を【語群】から選択した場合の正しい組み合わせを一つ選びなさい。

　保育士等は、保育の計画や保育の（ A ）を通して、自らの（ B ）を振り返り、自己評価することを通して、その専門性の（ C ）や保育実践の（ D ）に努めなければならない。

【語群】

| ア 記録 | イ 活動 | ウ 保育観 | エ 発展 | オ 向上 |
| カ 追求 | キ 改善 | ク 保育実践 | | |

（組み合わせ）
　　　A　B　C　D
1　ア　ウ　オ　カ
2　ア　ク　オ　キ
3　ア　ク　カ　エ
4　イ　ク　オ　キ
5　イ　ウ　エ　オ

57問　次の記述によって説明される用語として最も適切なものを一つ選びなさい。

　元の意味は紙をはさむ「バインダー」のことであり、子どもが、どのような経験を積み重ねてきたかがわかるように、一人ひとりの育ちの記録を蓄積したものを意味する。

1　ドキュメンテーション
2　ソシオメトリー
3　ポートフォリオ
4　ラーニング・ストーリー
5　アサーティブネス

58問　次の記述に該当する心理学研究法として正しいものを1〜5の選択肢から一つ選びなさい。

・研究法の中でも特に基本的なものとして従来から用いられている。
・時間見本法、場面見本法など、何をサンプリングするかによって方法が異なる。

・この方法による情報は、信頼性が高いという長所がある一方で、情報の収集や分析に時間がかかるなどの短所がある。

1 評定法
2 質問紙調査法
3 面接法
4 観察法
5 事例研究法

59問 次の文は、保育記録の方法の一つである、ドキュメンテーション（documentation）についての記述である。（ A ）〜（ D ）にあてはまる語句を【語群】から選択した場合の最も適切な組み合わせを一つ選びなさい。

　ドキュメンテーションは、イタリアのレッジョ・エミリア市の乳児保育所や幼児学校の実践により注目された。子どもたちは、数日から数か月にわたって（ A ）と呼ばれる、子どもたちの（ B ）や創造性を重視したグループ活動を行う。ドキュメンテーションとは、その活動の（ C ）を記録したものである。録音機器やビデオなどを利用して、子どもたちの発話や行動を詳細に記述したり、写真を効果的に使ったりしながら、誰が見てもわかるように編集し提示する。これらは保育者が子ども理解に役立てるだけでなく、子どもたち自身も活動を振り返り、新たな発想や展開につなげていくことを可能とする。また、（ D ）にも開示し、ドキュメンテーションを通して子どもたちの園での活動の様子や学びを共有していくものともなっている。

【語群】

ア　プロセス（process）	イ　継続性	ウ　保護者や地域の人たち
エ　ミッション（mission）	オ　所長（校長）や他クラスの先生たち	
カ　プラン（plan）	キ　プロジェクト（project）	ク　主体性

（組み合わせ）
　　　A　B　C　D
1　キ　ク　エ　ウ
2　カ　イ　エ　オ
3　キ　ク　ア　ウ
4　エ　ク　ア　オ
5　キ　イ　カ　ウ

60 問　次の文は、保育の記録に関する記述である。適切な記述を○、不適切な記述を×とした場合の正しい組み合わせを一つ選びなさい。

A　子どもの行為に、どのような思いがあり意味があるのかを捉えるために、保育を記録するということは欠かすことができない。
B　保育記録は、子どもの行動を記録するものであり、保育者の行為はなるべく書くべきではない。
C　保育記録を振り返り、省察を積み重ねることは、保育力を高めていくことにつながる。
D　保育記録は客観的であるほどよい。そのため、一つの場面を記録する際、誰が書いても同じような描写になっていることが望ましい。

（組み合わせ）
　　A　B　C　D
1　○　○　○　×
2　×　○　○　○
3　○　○　×　○
4　○　×　○　×
5　×　○　×　○

61 問　次の文は、発達や行動の気になる子どもについての記述である。それぞれの記述にあてはまる発達障害の特性について【語群】から選択した場合の最も適切な組み合わせを一つ選びなさい。

A　お弁当の途中で、部屋の中を歩きまわっている。
B　外遊びが終わっても「もっと遊ぶ」と言って部屋に入らない。
C　言葉が遅く、会話も成り立たない。
D　縄跳びでその場跳びをするとき、すぐ足が引っ掛かって長続きしない。

【語群】

| ア　知的障害　　イ　自閉症スペクトラム　　ウ　注意欠如・多動性障害 |
| エ　発達性協調運動障害 |

(組み合わせ)
　　A　B　C　D
1　ア　エ　ウ　イ
2　ウ　イ　ア　エ
3　エ　ア　イ　ウ

62問　次の文は自閉症スペクトラムの行動についての記述である。それぞれの行動にあてはまる特性を【語群】から選択した場合の最も適切な組み合わせを一つ選びなさい。

A　一人ではよく喋っているのに、保育者や保護者の指示が理解できない。
B　機嫌が悪いときに抱っこをすると、反りかえってよけいに泣く。
C　きょうはどこへ行くの？と何度も聞く。
D　一人遊びが多い。

【語群】

| ア　コミュニケーションの障害　　イ　社会性の障害　　ウ　想像力の欠如 |
| エ　感覚の過敏性 |

（組み合わせ）
　　 A　B　C　D
1　 ア　エ　ウ　イ
2　 イ　ア　エ　ウ
3　 ウ　イ　ア　エ

63問　次の文は、子どもの様子についての記述である。それぞれの子どもの様子が見られたときにつなぐ外部機関を【語群】から選択した場合の最も正しい組み合わせを一つ選びなさい。

A　1歳児の子どもの歩行が不安定である。
B　5歳児で、身の周りの支度が一人でできず、時間が掛かる。
C　3歳児で目が合いにくく、会話も成立しない。
D　2歳児で言葉が少ないが、保護者の専門機関への抵抗が強い。

【語群】

ア　児童発達支援センター　　イ　就学相談　　ウ　保健センター

（組み合わせ）
　　 A　B　C　D
1　 ウ　ア　イ　ア
2　 イ　ア　ウ　イ
3　 ア　イ　ア　ウ

64問　次の文は、専門機関の機能に関する記述である。あてはまる名称を【語群】から選択した場合の最も適切な組み合わせを一つ選びなさい。

A　1歳6か月児健診や3歳児健診が行われ、様々な専門職に出会う。
B　18歳未満の子どもの相談をすることができる。
C　小学校就学前の幼児を対象とした公の療育事業で、個別的・集団的療育のほ

か、ST/PT/OT 等の訓練も受けられる。
D　小学校就学前の幼児を対象とした民間の事業で、それぞれの子どもに合わせた「個別支援計画」をもとに様々な療育が展開される。

【語群】

ア　児童発達支援事業所	イ　児童発達支援センター
ウ　保健センター	エ　児童相談所

（組み合わせ）
　　A　B　C　D
1　ア　イ　ウ　エ
2　ウ　エ　イ　ア
3　エ　ウ　ア　イ

65問　次の【事例】を読んで、【設問】に答えなさい。

【事例】
　3歳のAくんは、目が合いにくく、周りの子どもに興味や関心は示さない。話す言葉は限られており、ものの名称は若干出ているが、やり取りにはならずオウム返しが多い。保育士が追いかけると、笑いながら逃げるといった遊びでは笑顔が見える。水たまりの水を触って気持ちよさそうにしている。手を繋いでいれば、振り払ってまでどこかへ行ってしまうことはないが、手を繋がないとふらふらと気の向くままに動き回ってしまう。パニックはなく、周りに迷惑をかけることもない。三輪車は上手にはこげない。

【設問】
　適切なものを〇、不適切なものを×とした場合の正しい組み合わせを一つ選びなさい。

1　言葉の遅れの原因

| ア　自閉症スペクトラム　　イ　ADHD　　ウ　知的障害 |
| エ　発達性協調運動障害 |

2　適切な対応
　A　専門機関を利用する。
　B　養育環境を改善する。
　C　あそびを豊かにする。
　D　そのままでも話すようになる。

（組み合わせ）
　　　ア　イ　ウ　エ　　A　B　C　D
1　×　×　○　×　　○　○　○　×
2　○　×　×　×　　○　○　○　×
3　×　○　×　×　　○　×　×　×
4　○　×　○　○　　○　○　○　×

66問　次の文は、保育の実施に関する記述である。適切な記述を○、不適切な記述を×とした場合の正しい組み合わせを一つ選びなさい。

A　子どもの心身の発達及び活動の実態などの個人差を踏まえるとともに、一人一人の子どもの気持ちを受け止め、援助する。
B　子どもが自ら周囲に働きかけ、試行錯誤しつつ自分の力で行う活動を見守るよりも、積極的に援助する。
C　子どもの国籍や文化の違いを認め、互いに尊重する心を育てるようにする。
D　子どもの性差や個人差にも留意しつつ、性別などよる固定的な特徴が意識できるよう配慮する。

（組み合わせ）

```
    A  B  C  D
1   ×  ○  ○  ○
2   ○  ×  ○  ×
3   ○  ×  ×  ×
4   ○  ○  ○  ×
5   ×  ×  ○  ×
```

67問 次の文は、幼児教育を行う施設として共有すべき、育みたい資質・能力に関する記述である。（ A ）から（ D ）にあてはまる語句を【語群】から選択した場合の最も適切な組み合わせを一つ選びなさい。

A 保育所においては生涯にわたる（ A ）の基礎を培うため、保育の目標を踏まえ、資質・能力を一体的に育むよう努める。
B （ B ）を通じて、感じたり、気付いたり、分かったり、できるようになったりする「知識及び技能の基礎」。
C 気付いたことや、できるようになったことなどを使い、考えたり、試したり、工夫したり、表現したりする「（ C ）、判断力、表現力等の基礎」。
D 心情、意欲、態度が育つ中で、よりよい生活を営もうとする「（ D ）に向かう力、人間性等」。

【語群】

ア 伸びる力	イ 豊かな体験	ウ 創造力	エ 遊び	オ 学び
カ 思考力	キ 自然	ク 生きる力		

（組み合わせ）
　　A　B　C　D
1　キ　ア　カ　エ
2　キ　イ　カ　オ
3　ク　ア　イ　エ
4　ク　イ　カ　エ
5　ク　イ　カ　オ

68問 次の文は、保育所と小学校との連携に関する記述である。保育の実施に関して適切な記述を○、不適切な記述を×とした場合の正しい組み合わせを一つ選びなさい。

A　保育所保育では「幼児期の終わりまでに育って欲しい姿」を重視し、小学校以降の生活や学習の基盤の育成につながることに必ずしも配慮しなくてもよい。

B　幼児期にふさわしい生活を通じて、創造的な思考や生活態度などの基礎を培うようにする。

C　小学校教育が円滑に行われるために、小学校教師との意見交換や合同の研究の機会などを設ける。

D　保育所に入所している子どもが就学する際には、市町村の支援の有無に関係なく、子どもの育ちを支えるための資料が保育所から小学校に送付されるようにする。

（組み合わせ）
　　A　B　C　D
1　×　○　○　○
2　×　○　×　×
3　○　×　○　○
4　×　○　○　×
5　○　○　×　×

69問 次の文のうち、「保育所保育指針（平成29年3月告示）」の第4章「子育て支援」の1「保育所における子育て支援に関する基本的事項」の一部として適切な記述を○、不適切な記述を×とした場合の正しい組み合わせを一つ選びなさい。

A 保育及び子育てに関する知識や技術などの保育士の専門性や、子どもが常に存在する環境など、保育所の特性を生かし、保護者が子どもの成長に気付き子育ての喜びを感じられるように努めること。
B 保護者に対する子育て支援を行う際には、各地域や家庭の実態を踏まえるとともに、保護者の気持ちを受け止め、相互の信頼関係を基本に、保育士の専門的観点を尊重すること。
C 保護者に対する子育て支援における地域の関係機関等との連携及び協働を図り、保育所全体の体制構築に努めること。
D 保護者と子どもがどのような場合であっても、保護者や子どものプライバシーを保護し、知り得た事柄の秘密を保持すること。

（組み合わせ）

	A	B	C	D
1	○	○	○	×
2	×	×	○	×
3	×	○	○	○
4	○	×	○	○
5	○	×	○	×

70問 次の【事例】を読んで、設問に答えなさい。

【事例】
5歳の男児。保育所では、集団場面での行動が苦手である。朝の会や帰りの会でもじっとしていることができず、ときどき保育室を飛び出してしまう。着席していても、そわそわしていて他児にちょっかいを出しており、保育士の話を最後まで聞かないで、思いついたことをすぐに発言し、遊びの場面でも始めてよいという指示をきかずに先に遊び始めてしまう。

【設問】
　この子どもに対する配慮として適切な記述を○、不適切な記述を×とした場合の正しい組み合わせを一つ選びなさい。

A　よい行動が見られたら、ただちに褒めるようにする。
B　集団場面では、本人がじっとしていられなくても、他児が困っていなければ、そのままそっとしておく。
C　すぐに注意をしないで、あとで間違った行動を強く叱責する。
D　本人の気持ちを汲み取りながら、その場面にふさわしい方法を絵やイラストでわかりやすく伝える。

（組み合わせ）

	A	B	C	D
1	○	○	×	○
2	○	×	×	×
3	×	○	○	○
4	○	×	×	○
5	×	×	×	○

練習問題〈解答〉

問	解	問	解	問	解	問	解
1問	2	19問	2	37問	3	55問	2
2問	3	20問	5	38問	3	56問	2
3問	4	21問	1	39問	5	57問	3
4問	3	22問	2	40問	1	58問	4
5問	2	23問	3	41問	3	59問	3
6問	3	24問	4	42問	2	60問	4
7問	5	25問	2	43問	1	61問	2
8問	1	26問	3	44問	2	62問	1
9問	4	27問	1	45問	4	63問	3
10問	2	28問	4	46問	2	64問	2
11問	2	29問	2	47問	1	65問	4
12問	3	30問	5	48問	4	66問	2
13問	4	31問	2	49問	5	67問	5
14問	3	32問	3	50問	3	68問	4
15問	2	33問	3	51問	3	69問	5
16問	4	34問	5	52問	1	70問	4
17問	3	35問	4	53問	5		
18問	1	36問	5	54問	5		

索引

人名

アイゼンバーグ（Eisenberg, N.） 111, 112, 116
ヴィゴツキー（Vygotsky, L.S.） 11, 124, 176
エインズワース（Ainsworth, M.D.S.） 60, 61
エリクソン（Erikson, E.H.） 11, 38, 64
エレン・ケイ（Key, E.） 4
ゲゼル（Gesell, A.） 31
ゴールトン（Galton, F.） 31
コールバーグ（Kohlberg, L.） 108, 109, 110
コフート（Kohut, H.） 69
ジェンセン（Jensen, A.R.） 32
シュテルン（Stern, W.） 32
トマス（Thomas, A.） 66
パーテン（Parten, M.B.） 90
ハーロウ（Harlow, H.F.） 59
ハヴィガースト（Havighurst, R.J.） 37
バルテス（Baltes, P.B.） 28
ピアジェ（Piaget, J.） 11, 54, 108, 109, 110
ファンツ（Fantz, R.L.） 42
フレーベル（Fröbel, F.W.A.） 4
フロイト（Freud, S.） 11
ブロンフェンブレンナー（Bronfenbrenner, U.） 33, 65
ボウルビィ（Bowlby, J.W.） 11, 58, 59, 60
ボームリンド（Baumrind, D.） 65
ポルトマン（Portmann, A.） 73, 154
メルツォフ（Meltzoff, A.） 45, 46
ルソー（Rousseau, J.J.） 4
ローレンツ（Lorenz, K.） 29, 46, 48
ワトソン（Watson, J.B.） 31
ワロン（Wallon, H.） 72

事項

愛他的行動　111
愛着〈アタッチメント〉　58, 59, 60, 63, 98, 150
愛着障害　59
愛着発達理論　11
アイデンティティ　187
アタッチメント→愛着
遺伝と環境　30
インプリンティング、刷り込み　29, 46
ADHD→注意欠如・多動性障害
A-not-B エラー　54
液量保存課題　136
『エミール』　4
延滞模倣　94
エントレイメント　48
カウンセリング・マインド　199, 200, 201

学習障害〈LD〉 177
学習理論 31
環境閾値説 32
観察法 161
緘黙（症） 128, 129
気質（temperament） 66
吃音 128, 129
規範意識 99
基本的信頼感 63, 64
吸啜反射 19
共感性 107, 113, 114, 116, 136
共感的理解 200, 201
協同遊び 199
共同注意 75, 121, 122, 201
共同注視 75, 85
共鳴動作（原初模倣） 74
傾聴 200, 201
現実自己 80
原始反射 16, 34
原初的感情 84
構音障害 127, 129
向社会的行動 93, 100, 107, 110, 111, 112, 113, 116
公的自己意識 80
合理的配慮 200, 201
心の理論 87, 94, 96
ごっこ遊び 94, 95, 96, 97
サビタイジング 134, 135
三項関係 75, 85, 86
自我 93, 98
視覚的絶壁（視覚的断崖） 44, 45
自我同一性 64
自己愛 69
自己概念 70
自己感 70

自己主張 79, 93, 98,
自己制御 78
自己中心的な視点 93
自己中心的言語 124
自己抑制 78
自尊感情 99
私的自己意識 80
自伝的記憶 73
自発的微笑（生理的微笑） 74
自閉症スペクトラム 176, 180, 201
社会的参照 45, 86
社会的微笑 74
受容 200, 201
馴化 134
象徴機能 54, 93, 94
情動交流 75
情動調律 84
情動伝染 83
情動表出 74
初期経験 28, 29, 30
初語 122, 123
新生児模倣 46
身体的自己 70
信頼関係（ラポール） 202
心理アセスメント 193
心理査定 193
心理社会的発達論 38
ストレンジ・シチュエーション法 60
精神年齢 163
生態学的システム 33
生理的早産 73, 154
選好注視法 42
相互作用説 32
第一次反抗期 77
退行現象 24

索　引……………251

対象の永続性 54
脱馴化 134
知的障害 175
知的リアリズム 73
知能検査 179, 193
注意欠如・多動性障害〈ADHD〉 176, 179, 201
道徳性 107, 108, 109, 110, 111
内言 124
内的ワーキングモデル 61, 63
成り込む 75
喃語 121, 122
二次的就巣性 73
乳幼児健忘 73
認知的な能力 6, 41
認知発達理論 11
把握反射 19, 35
発達課題 37
発達検査 162, 163, 185, 186
発達指数 163
発達障害 175
発達性協調運動障害 177
発達年齢 163
発達の原理 35
発達の最近接領域 11, 100, 176
ハンドリガード(handregard) 71
人見知り 74
非認知的な能力 6, 30, 104, 131, 132, 142
病児保育 192
表象 54, 87, 94
敏感期 30
輻輳説 32
ふり 93, 94
ふり遊び 93

ベビースキーマ 74
ボディイメージ 72
マザリング 59
見立て 93, 94, 97
ミラーリング 69, 84
モデリング行動 93
役割取得 113
指さし 75
幼児図式 46
リーチング 51, 54
理想自己 80
量の保存性 133, 136
臨界期 29, 30
ルージュテスト 72
レジリエンス 66
レディネス 31

著者一覧

【編者】 *（ ）＝執筆担当

鈴木敏昭（第7章 p.94-p.98 l.1）
　四国大学　全学共通教育センター

村上　涼（第7章 p.83-p.93, p.98 l.2-p.106・コラム7・トピックス2・3・4・練習問題31-35）
　江戸川大学　メディアコミュニケーション学部　こどもコミュニケーション学科

松鹿　光（第9章・コラム9・第13章・コラム13-1, 13-2・練習問題41-45, 61-65）
　帝京科学大学　教育人間科学部　幼児保育学科

加藤孝士（第8章・コラム8・練習問題36-40）
　長野県立大学　健康発達学部

【執筆者】

田村佳世（第1章・コラム1・練習問題1-5）
　愛知文教女子短期大学　幼児教育学科

江村綾野（第2章・コラム2・トピックス1・練習問題6-10）
　川村学園女子大学　教育学部　幼児教育学科

永井知子（第3章・コラム3・練習問題11-15）
　四国大学短期大学部　幼児教育保育科

野田　満（第4章・コラム4・練習問題16-20）
　江戸川大学　社会学部　人間心理学科

宮本桃英（第5章・コラム5・練習問題21-25）
　大妻女子大学　家政学部　児童学科

山本有紀（第6章・コラム6・練習問題26-30）
　洗足こども短期大学　幼児教育保育科

太田直樹（第10章・コラム10・練習問題46-50）
　福山市立大学　教育学部　児童教育学科

富田喜代子（第11章・コラム11・練習問題51-55）
　四国大学　生活科学部　児童学科

湯地由美（第12章・コラム12・トピックス5・練習問題56-60）
　四国大学　生活科学部　児童学科

永房典之（第14章・コラム14・練習問題66-70）
　淑徳大学短期大学部　こども学科

保育を深めるための心理学

| 2018年3月5日 | 初版第1刷発行 |
| 2020年6月15日 | 初版第2刷発行 |

編者─────鈴木敏昭、村上涼、松鹿光、加藤孝士
発行者────平田　勝
発行─────花伝社
発売─────共栄書房
〒101-0065　東京都千代田区西神田2-5-11 出版輸送ビル2F
電話　　　　03-3263-3813
FAX　　　　03-3239-8272
E-mail　　　info@kadensha.net
URL　　　　http://www.kadensha.net
振替　　　　00140-6-59661
装幀─────三田村邦亮
イラスト───イラストAC
印刷・製本──中央精版印刷株式会社

Ⓒ2018　鈴木敏昭、村上涼、松鹿光、加藤孝士
本書の内容の一部あるいは全部を無断で複写複製（コピー）することは法律で認められた場合を除き、著作者および出版社の権利の侵害となりますので、その場合にはあらかじめ小社あて許諾を求めてください

ISBN978-4-7634-0846-4　C3037